Klaus Lüderssen

Eichendorff und das Recht

Insel Verlag

Erste Auflage 2007

Satz und Druck: Memminger MedienCentrum AG
Printed in Germany
ISBN 978-3-458-17366-3

1 2 3 4 5 6 – 12 11 10 09 08 07

Inhalt

Anhang

Vorwort

»Und es schweifen leise Schauer wetterleuchtend durch die Brust« – solches und vieles andere, nicht nur Sehnsüchtig-schöne, sondern auch Rätselhafte – »Denn auf des Kirchhofs schattigem Grund die Jakobiner saßen, ihre Pferde alle Blumen bunt von den Grabeshügeln fraßen« – oder Unglücklich-übermütige: »Ich scherzte wild – Du lächeltest durch Tränen, so spielt der Wahnsinn lieblich mit den Schmerzen« – kann es nicht sein, was das Interesse der Juristen oder der Rechtswissenschaft bei Eichendorff wachruft. Aber er war ja Jurist, heißt es dann immer, und deshalb müßt ihr euch für ihn interessieren. Nun, das ist ja auch gründlich geschehen. In seinem berühmten Werk *Dichterjuristen*, das ganze Generationen von Literaturwissenschaftlern und Juristen über den eigentümlichen Tatbestand beruhigt hat, daß Literatur und Recht so oft in einem Atem genannt werden, hat Eugen Wohlhaupter ihn ausführlich unter diesem Aspekt gewürdigt.[1] Das gleiche gilt für den nahezu gleichaltrigen Ludwig Uhland, den zwölf Jahre älteren E.T.A. Hoffmann und den um weniges jüngeren Franz Grillparzer. Auch Heinrich Heine, gut zehn Jahre jünger als Eichendorff, gehört noch zur Gruppe der romantischen Dichterjuristen und ist selbstverständlich auch bei Wohlhaupter zu finden.

Die *Juristen* lernen, was ein Schriftsteller ihnen sagen kann, vielleicht sogar besser als manche Fachleute, und die *Literaturwissenschaftler* sehen, wo sie seinem Werk zusätzliche Seiten abgewinnen können, sei es durch schlichten substantiellen

1 Eugen Wohlhaupter, *Dichterjuristen*, 2. Bd. – Die Kurztitel in den Fußnoten verweisen auf die Literaturliste am Ende des Bandes.

Wissenszuwachs, sei es aber auch unter dem Gesichtspunkt, daß der literaturwissenschaftlichen Hermeneutik neue Zugänge zum Stoff eröffnet werden.

Aber man möchte doch mehr wissen: Wie steht Eichendorff zu den großen Rechtsfragen seiner Zeit, und was bedeutet die Antwort, die man vielleicht erhält, für die Gegenwart?

In der Tat gibt es da einen Schwerpunkt. Eichendorffs Epoche ist zugleich die der Historischen Rechtschule, die sich vor allem mit dem Namen Friedrich Karl von Savignys (1779-1861) verbindet, und ihrer Auseinandersetzung mit konkurrierenden Strömungen, also einerseits den Restbeständen kantisch geprägten Naturrechts, andererseits den infolge der Aufklärung sich endlich frei und kreativ fühlenden Rechts*setzungs*initiativen, dies freilich unter sehr verschiedenen politischen Vorzeichen – von restaurativen Tendenzen Metternichscher Prägung bis hin zu jakobinischen Innovationen aus dem Geist des Vormärz. Der sich demgegenüber behauptende Sinn für das historisch Gewachsene findet sich in aristokratischen Traditionen wie auch in demokratischen Evolutionsphantasien und ist sowohl geistig-idealisch orientiert als auch der Erfahrung zugewandt – bis hin zur Entdeckung »materialistischer Gesetzmäßigkeiten« –, und es geht sowohl um die Geschichte der Nation wie um internationale, jedenfalls europäische Zusammenhänge.

Eichendorffs Schriften und sein Leben durchwirken diese Gemengelage mit einem unverwechselbaren Geflecht streckenweise scheinbar auseinanderlaufender, in Wahrheit aber sich zu einem geschlossenen Muster fügender Fäden. Es handelt sich um soziale Wahrnehmungen und Reflexionen, die durch eine – auch die *Prosa* Eichendorffs (mit Vorgriffen auf

Nietzsche und Karl Kraus) prägende – künstlerische Rhetorik zu einem attraktiven Konzept verbunden werden.

Deshalb hätte die Beschäftigung mit der Historischen Rechtsschule eigentlich längst das Interesse auf Eichendorff lenken müssen, der die poetisch infiltrierten Formulierungen für das fand, was Savigny – bei aller Neigung und an Goethe geschulter Fähigkeit, die engeren Grenzen des Faches artistisch zu sprengen – doch nicht mit der Unbefangenheit oder vielleicht sogar Naivität vermochte, die für Eichendorff selbstverständlich war. Dieser dachte freilich keineswegs daran, der Historischen Rechtsschule, obwohl er Savigny persönlich gut kannte, auf seine Weise Auftrieb zu geben. Vielmehr waren es – im Geiste der Romantik – parallel verlaufende Beobachtungen und Überlegungen, die ihn objektiv in den Rang eines einmaligen Fürsprechers für das hoben, was die Vertreter der Historischen Rechtsschule meinten.

Die politische Basis war die Ablehnung sowohl der monarchischen »Willkür des Einzelnen« wie des »Despotismus der Demokratie«, des »heißblütigen reißenden Terrorism« der Revolutionäre wie der »kalten langweiligen politischen Inquisition« der Restaurateure. Das sind Formulierungen von Joseph Görres,[1] der Eichendorff stark beeinflußte. Der »Bestialität des Freiheitspöbels«[2] stellte dieser ein Freiheitsgefühl gegenüber, welches das Ergebnis eines Prozesses sein sollte, in dem »von unten herauf [. . .] das Volk allmählich zur wahren Freiheit *erzogen*« werde (»Preußen und die Verfassungsfrage«, FA 5, S. 603), nach der Devise, daß »die Idee der Frei-

1 Görres, *Europa und die Revolution* (1821), S. 347.

2 *Der Adel und die Revolution*, FA 5, S. 414. Eichendorff-Zitate werden im folgenden im Haupttext durch die Sigle FA mit Bandnummer nach der Frankfurter Ausgabe des Deutschen Klassiker Verlags nachgewiesen.

heit [...] die große nie nachlassende Zentrifugalkraft der bürgerlichen Gesellschaft« sei, »wodurch die andere der ewig entgegenstrebenden Zentri-Petalkraft derselben, nämlich die Idee des Rechts erst wirksam« werde.[1] Hier gibt es Berührungspunkte mit Schillers Briefen über die ästhetische Erziehung des Menschen, die auch dort wirksam werden, wo Eichendorff – nunmehr unter dem Einfluß von Adam Müller – in dem Bemühen um den richtigen Begriff vom Staat vor einem »Allerwelts-Hut« schematischer Einförmigkeit warnt (vgl. FA 5, S. 654 f.).

Diese Perspektiven ermöglichen die Fixierung eines – gegenüber den bis dahin konventionellen Vorstellungen von der Bezogenheit aller Individuen auf Sozialordnungen – freigesetzten und deshalb realeren »Ich«, das die Ergebnisse der Bedürfnisforschung des späten zwanzigsten Jahrhunderts ahnen läßt. Zum Bild des Individuellen gehört bei Eichendorff auch Subversives, das niemals Sache eines Kollektivs sein kann. Wir wissen das bereits durch Adorno: »Die Erfahrung des modernen Elements in Eichendorff, das heute wohl erst offen liegt, führt am ehesten ins Zentrum des dichterischen Gehalts. Es ist wahrhaft antikonservativ: Absage ans Herrschaftliche, an die Herrschaft zumal des eigenen Ichs über die Seele.«[2]

Das moderne Recht ist angefüllt mit Differenzierungen im Subjektiven, die immer feiner werden. Das lehren Arbeitsrecht, Jugendrecht, Sozialrecht, aber auch die justizielle Interpretation der die Gesellschaft durchziehenden alltäglichen Vertragspraxis – beim Mieten, im Nachbarschaftsleben, bis hin zu Subtilitäten bei den Zuschreibungen von Verantwortungen im Wirtschaftsleben. Ob die Klage über wachsende

1 Adam Müller, *Die Elemente der Staatskunst*, S. 149.

2 Adorno, *Zum Gedächtnis Eichendorffs*, S. 78.

Verrechtlichung – bezogen auf zu viele neue und sich ständig ändernde Vorschriften – auch auf diese Bereiche zielt, ist nicht ganz leicht zu sagen. Das abstrakte Pathos der Rechtstheoretiker, die gerade vom modernen Recht vor allem Funktionsfähigkeit fordern und dabei die Luhmannsche Gebetsmühle von der Notwendigkeit der Reduzierung von Komplexität drehen, könnte diesen Schluß zulassen. Was die Menschen in großer Zahl täglich erleben, worum sie kämpfen müssen, sieht jedoch anders aus. Viele für lange Zeit naturwüchsigen Entwicklungen überlassene Fragen können durchaus auch *rechtlich* geregelt werden, und die moderne Rechtsgesellschaft fährt ganz gut dabei.

Aber Willkür soll natürlich ausgeschlossen sein. Der blanken Dezision des Gesetzgebers, selbst wenn er demokratisch legitimiert ist, ist zu mißtrauen. In langwierigen historischen Prozessen entwickelte Anerkennungsverhältnisse sind es, die ein zu überpositiven Orientierungen nicht mehr Zuflucht nehmender Gesetzgeber berücksichtigen muß. Um die Wende des neunzehnten zum zwanzigsten Jahrhundert haben Rechtssoziologen das mit kritischem Blick auf den Gesetzespositivismus zum ersten Mal eindringlich formuliert,[1] und es ist eben kein Zufall, daß einige dieser Rechtssoziologen zugleich »Romanisten« waren (im Sinne der Terminologie der Universitätsfächer des Rechts). Savignys System des heutigen römischen Rechts war ihnen gegenwärtig, und sie hatten allenfalls Anlaß, sich von der Vokabel »Volksgeist«, die in der Tat überflüssige Irrationalismen mit sich schleppt, zu distanzieren.

Aus der seinerzeit aufblühenden »Freirechtsbewegung« ist

1 Im Rahmen der »Freirechtsbewegung«; vgl. dazu Kaufmann u. a., *Einführung in die Rechtsphilosophie und Rechtstheorie der Gegenwart*, S. 121 ff.

gleichwohl nichts geworden. Ökonomische und durch die Kriege hervorgerufene Spannungen, aber auch doktrinäre Traditionen des Rechts haben das verhindert. Vor allem jedoch ist es den Freirechtlern und den vielen ihnen heimlich nahestehenden »Dogmatikern« nicht gelungen, die Kultivierung des individuellen Rechtsgefühls und dessen Einbettung in nur historisch zu begreifende geistig-soziale Strömungen als organische Einheit zu präsentieren.

Das aus Amerika kommende *Law as* oder *and Literature Movement* indessen könnte neue Impulse in eine Welt des Rechts bringen, deren durch Globalisierungen wachsende Heterogenität vergleichsweise sensible Rechtspositionen entstehen läßt. Sie zu begreifen und zu handhaben kann nicht Sache einer frei hereinschwebenden Politik sein. In bezug auf Einzelregelungen haben sich Juristen ja schon immer auf deren Entwicklung bezogen. Sie müssen für die Deutung dieser Entwicklung, die mit anderen Deutungen konkurriert, jeweils Kriterien angeben. Diese Kriterien entscheiden über die Geltung der aus der Entwicklung hervorgegangenen rechtlichen Regel; ein mit dem Attribut der richtigen Deutung versehenes und damit legitimierendes genetisches Argument hat also für die Regel nicht nur ursächliche Funktion, sondern gehört zu ihrem Sinn. Insofern muß Genesis auch als konstitutiv für Geltung begriffen werden.

Wenn deshalb die »Historische Rechtsschule« rechtsphilosophisch eine überraschende Aufwertung erleben könnte, so ist bemerkenswert, daß zu der Rekonstruktion des Eichendorffschen Werks, die hierbei vielleicht eine Funktion übernimmt, gerade ein Autor, Adorno, beigetragen hat, der auch sagt: »Soweit die Beziehung der logischen Geltung auf Genesis notwendig ist, gehört diese selber zu dem zu explizierenden, zu ›erweckenden‹ logischen Sinn.«[1] Daß es die vieläugige Vernunft der Romantik ist, die auf diesem Wege Einzug in die moderne Welt des Rechts hält, verbürgt nicht unbedingt Ruhe und Ausgeglichenheit. Aber diese Eigenschaft vom Recht zu fordern muß sich abgewöhnen, wer nicht in Kauf nehmen will, dessen Substanz endgültig zu verspielen. Paradoxien, die dabei sichtbar werden, sollte man gelassen ins Auge blicken. Ihre kluge Verwaltung, nicht ihre dogmatische Verleugnung, sichert den Fortschritt der Aufklärung im Rechtsdenken und in der Rechtspraxis.

1 Adorno, *Zur Metakritik der Erkenntnistheorie*, S. 83.

Antizipationen modernen Rechtsdenkens

Als Friedrich Wilhelm IV., König von Preußen von 1840 bis 1861, den Wunsch nach einer geschriebenen Verfassung ablehnte, soll er, berichten die Historiker, das nicht zuletzt unter dem Einfluß Eichendorffs getan haben, der gesagt habe: »Das Papier tut es nicht. Nicht auf dem toten Buchstaben beruht ja überall die Heiligkeit des Vertrages.«[1] Es ist der Eichendorff, von dem es wenige Jahre später eine sogenannte Daguerreotypie gibt, die ihn mit glühend-erloschenen Augen zeigt, Enttäuschung und Trotz – freilich beides sanftester Provenienz – in den Mienen. Da kennt ihn schon Fontane, als Gast der »Donnerstagsgesellschaften« Franz Kuglers, jenes Kunsthistorikers, der eine große Rolle spielte im »Tunnel über der Spree«, dem Verein, der sich bei seiner Gründung im Jahre 1829 die Devise »Unendliche Wehmut und ungeheure Ironie« gegeben hatte, von Fontane in *Von Zwanzig bis Dreißig* ausführlich beschrieben. Theodor Storm, der auch an einem »Eichendorff-Dinner« Franz Kuglers Anfang 1854 teilgenommen hatte, erinnert sich an ihn als einen »Mann von mildem, liebenswürdigen Wesen, viel zu innerlich, um was man gewöhnlich vornehm nennt, an sich zu haben; in seinen stillen blauen Augen liegt noch die ganze Romantik seiner wunderbaren poetischen Welt. Er ist übrigens schon ganz weiß.«[2]

Auch Friedrich Karl von Savigny, in den vierziger Jahren preußischer Minister für Justiz und federführend bei allerhand Reformen, nicht zuletzt des Strafrechts,[3] vor allem aber –

1 Vgl. Bussmann, *Preußen und Deutschland*, S. 117.
2 Theodor Storm am 24. 2. 1854 an seinen Vater; Storm, *Briefe*, S. 229.
3 Vgl. dazu Arnswaldt, *Savigny als Strafrechtspraktiker.*

zu dieser Zeit schon – legendär und berühmt wegen seiner Erforschung des römischen Rechts, seiner Entwicklung und gegenwärtigen Bedeutung, im Rahmen einer seitdem klassischen Konzeption von »geschichtlicher Betrachtung und Normgewinnung«,[1] gehörte zu dieser vormärzlichen Berliner Gesellschaft. Man könnte es bei der nachdenklichen Beobachtung bewenden lassen, daß romantische Poesie und romantische Staatslehre harmonisch zusammenklingen, gleichsam nach der – auf frühgermanische Zustände bezogenen – Metapher Jacob Grimms von der Poesie, die mit der Jurisprudenz in einem Bette aufgestanden sei.[2]

Aber man weiß ja, daß die Rechnung bei Savigny so einfach nicht aufgeht. Daß sein System des heutigen römischen Rechts gleichzeitig als Ausgangspunkt für eine Konstruktions- und Begriffsjurisprudenz aufgefaßt worden ist, indiziert das Problem. Denn die Methode der teleologischen Auslegung, auf der Basis von Logik und System, lag damit nahe, bis hin zu Verabsolutierungen, die (wieder) ins Naturrecht zurückführten. Gustav Hugos (1764-1844) Ausruf »Das römische Recht ist unser Naturrecht«[3] belegt das. Die Methodologie ist dabei allerdings nicht stehengeblieben, sondern hat durchaus erkannt, daß das kreative Moment in Savignys historischer Betrachtung des Rechts im Prozeß der Evolution selbst gesehen werden muß, ohne freilich sofort zu handwerklichen Anleitungen zu gelangen. Zu viele gedankliche Barrieren, nach und nach zusammengekommen, versperrten den Weg. Eine Hegelsche Geschichtsphilosophie mit siche-

1 Vgl. Dilcher, *Von der geschichtlichen Rechtswissenschaft zur Geschichte des Rechts*, S. 109.
2 Vgl. Jacob Grimm, *Von der Poesie im Recht.*
3 Zitiert nach Böhmer, *Grundlagen der bürgerlichen Rechtsordnung*, S. 70.

rem Wissen über den Gang und das – wenn auch auf kryptisch-dialektischen Wegen – zustande gekommene Ergebnis der Geschichte durfte es nicht sein, epistemologische Desillusionierung und praktischer Sinn zugleich sprachen dagegen. Das gleiche galt aber auch für die idealistische Apotheose geschichtsmächtiger Subjekte. Es fehlte noch der ebenso nüchterne wie vitale Blick der modernen Rechtssoziologie auf die *Erfahrungen* des Individuellen für die kreative Ausbeutung des Rechtsgefühls. Dieser psychologische Empirismus suchte nun aber sein Fundament vor allem in der Geschichte, und so war es kein Zufall, daß Romanisten sich des modernen soziologischen Forschungsprogramms annahmen. Geschichtliche Anknüpfungen tragen der Beweglichkeit des Rechtsstoffs Rechnung, und diese Beweglichkeit öffnet die Quellen des Subjektiven. Auch aus der schönen Literatur hätte man insoweit seinerzeit schon Einschlägiges übernehmen können, wenn das Zeitalter des wissenschaftlichen Positivismus, das inzwischen angebrochen war, das zugelassen hätte.

So blieb auch – rückblickend – die narrative Seite der Historischen Rechtschule verborgen. Dabei wäre sie aus den Quellen leicht zu erschließen gewesen, wie neuere Untersuchungen zeigen. Man sagt jetzt, daß die Historische Rechtsschule für die Rechtsquellen eine Wirklichkeit beanspruchen wollte, die »sich der Darstellung [...] durch ein logisches System, nicht aber derjenigen durch das Medium der organisierenden Erzählung, in der sich Intuition (Anschauung) und wissenschaftlich-logischer Sinn durchdringen«, entziehe.[1] Wenn das richtig ist, dann ist die Annahme nicht unbegrün-

1 Nörr, *Savignys philosophische Lehrjahre*, S. 245, mit weiteren Belegen.

det, daß man dafür bei einem Autor fündig wird, der auch im Staat den Reichtum der Vielfalt sucht.

Die gegenwärtige Rechtstheorie, die vielleicht im Begriff ist, den Anschluß (wieder)zugewinnen an die literarischen Zugänge zum Recht, kann sich also – über verlassene Stufen der Erinnerung – eines Zeitalters annehmen, in dem diese Zugänge noch präsent waren. Liest man daraufhin Savigny neu – vor allem Dieter Nörr, aber auch vor ihm Joachim Rückert[1] und, später, Aldo Mazzacane[2] sowie Stefan Meder[3] haben das schon getan –, wird sein Literaturbezug offensichtlich. Daß ein ihm sachlich wie persönlich nahestehender Schriftsteller seiner Epoche, eben Eichendorff, der Mann war, der die kongeniale literarische Entsprechung lieferte, mag deshalb gar nicht mehr überraschen. Aber man muß das im einzelnen darlegen, und dies um so mehr, als – wie besonders zu zeigen sein wird – Eichendorff auf seine Weise einen Beitrag antizipiert für die Befestigung des Subjektiven in Politik und Recht im allgemeinen und die Aufhellung der historischen Bedingtheiten des Rechtsgefühls im besonderen. Damit wären dann auch vielleicht manche Fragen einer Antwort näher gebracht, welche die aus rechtshistorischer und rechtssoziologischer Perspektive zugleich entstandene Freirechtsbewegung uns hinterlassen hat. Man wird dann auch sehen, daß König Friedrich Wilhelm IV. von Preußen sich zwar für die Form, nicht aber für die Substanz, die er damit meinte, auf Eichendorff berufen durfte. Ein Irrtum freilich, der bis in unsere Tage – trotz Adornos Hinweis auf die Modernität von Eichendorff – weit verbreitet ist.

1 Rückert, *Idealismus, Jurisprudenz und Politik bei Friedrich Carl von Savigny.*

2 Mazzacane (Hg.), *Friedrich Carl von Savigny.*

3 Meder, *Mißverstehen und Verstehen.*

Der Schein des Konventionellen

Im Leben Eichendorffs deutet zunächst nichts darauf hin, daß er dermaleinst eine so interessante Position einnehmen würde. Er hätte vielleicht gern das Leben eines Gutsbesitzers geführt. Aber der väterliche Besitz, Lubowitz, ist wirtschaftlich unsicher und wird schließlich – im Jahr 1823 – zwangsversteigert. Zu dieser Zeit ist Eichendorff schon Regierungsrat in Danzig, nach einer langen klassischen Ausbildung als Jurist mit erstem Staatsexamen, Referendariat und schließlich zweitem Staatsexamen. Gut zwanzig Jahre verbringt er in verschiedenen Stellen der höheren preußischen Staatsverwaltung, wird Geheimer Regierungsrat und ist gleichzeitig Schriftsteller. Mit seinem Roman *Ahnung und Gegenwart* beginnt er bereits 1811, ein gutes Dutzend Jahre später erscheint die Erzählung, die ihn berühmt gemacht hat, »Aus dem Leben eines Taugenichts«. So geht es weiter, mit Gedichten, Erzählungen und Romanen. Politische Essays und Literaturstudien folgen, und am Ende seiner beruflichen Tätigkeit legt er eine historische Monographie vor.

Das Nebeneinander von Juristerei und Schriftstellerei ist nichts anderes als die Konvention, so scheint es, die man damals schon kennt: Bei Goethe war es so, bei E.T.A. Hoffmann, bei den nahezu gleichaltrigen Uhland, Grillparzer und Kleist ist es so, bei Heine, Hebbel und Storm wird es so sein, und heute haben wir Bernhard Schlink, der geradezu peinlich darauf achtet, daß die Sphären getrennt bleiben. Eine Parallele dazu gibt es bei den Schriftstellern, die zugleich Ärzte sind. Allerdings nimmt diese Tradition bemerkenswerterweise erst genauere Konturen an, als die Medizin, im Rahmen der endgültigen Etablierung der Naturwissenschaften in der zweiten Hälfte des neunzehnten Jahrhunderts, ein wirklich exaktes Fach wird – Hans Carossa, Adolf Döblin und Gottfried Benn sind die bekanntesten Beispiele. Daß die Jurisprudenz eine Wissenschaft sei, wird auch heute noch bestritten, aber die rationale Durchdringung des Rechtsstoffs geht viel weiter zurück als die vergleichbaren Vorgänge in der Medizin, und das erklärt die Zeitverschiebung bei parallelem Auftreten mit der Dichtkunst. Arzt oder Jurist, das gilt gleich viel, irgend etwas Angemessenes muß man können, um leben zu können als Schriftsteller. Erst im »feuilletonistischen Zeitalter« treten Literaturwissenschaft und Literaturkritik gleichberechtigt dazu, übernehmen sogar eine Führungsrolle im nichtdichterischen Leben der Schriftsteller.

Das Jurastudium Eichendorffs beginnt früh – mit siebzehn ist er schon in Halle. Das Tagebuch, das in Fragmenten bis zum Jahre 1812 überliefert ist, berichtet von den normalen Qualen eines Jurastudenten, den durchaus anspruchsvollen und trotz sich bereits andeutenden schlechten finanziellen Verhältnissen noch höfisch-aristokratisch gestimmten Geselligkeiten mit einem beachtlichen Bildungsanteil. Schon für den Schüler in Breslau – nach Abschluß der ›Hofmeistererziehung‹ auf dem elterlichen Schloß – spielen Literatur, Kunst und Musik eine große Rolle. Er besucht Theaterstücke, beispielsweise Lessings *Emilia Galotti* oder Schillers *Wilhelm Tell*. Auch gibt es naturwissenschaftliche Studien als eine Art Propädeutikum schon an der Universität Breslau. Sogar Privatstunden in neuerer Philosophie und über griechische Literatur werden genommen. Das Theaterleben ist ganz vital: »Drängten wir uns mit unsäglicher Mühe u. Lebensgefahr in das Schauspielhaus« (Tagebucheintrag vom 29. Dezember

1804, FA 5, S. 102). Hinzu kommen wilde Schlittenfahrten und Spazierritte, rauschende Feste und amüsante Zwischenfälle. Die Genauigkeit, mit der Eichendorff auch Alltägliches, Marginal-Zufälliges mitteilt, könnte eigentlich der Vorgeschmack eines großen, psychologisierenden Autors sein. Aber offenbar galt das damals noch nicht als Literatur,[1] und man mußte auf anderes, Weitläufigeres ausweichen. Das Konkrete in der späteren Literatur konnte sich mit der Jurisprudenz leichter verbinden als der romantische Realismus des Phantastischen, obwohl auch das gelegentlich vorgekommen ist.[2]

Die ersten richtigen Universitätssemester sind angefüllt mit Altertumswissenschaft und philologischer Enzyklopädie. In Leipzig gibt es *Die Räuber* mit Iffland als Franz Moor, und dorthin wandert man, stößt dabei auf Burschenschaftler, die sich wild gebärden (vgl. FA 5, S. 119 f.). Die Schädellehre des Dr. Gall löst ein »Pro Memoria« aus, Goethe kommt auch in die Vorlesung, und Eichendorff sieht ihn, »wodurch wir in den Stand gesetzt wurden, die Physiognomie dieses großen Mannes, u. die Art seines Umganges, die wir jedesmal nach geendigter Vorlesung auch beobachten konnten, unserer Seele einzuprägen« (FA 5, S. 121 f.). Es folgen geradezu spitzfindige Personenbeschreibungen – »Loders lächerlichwichtige Geschäftigkeit, Wolfs Satyrmiene über den Spurcissimus« (FA 5, S. 122). Das von den Landsmannschaften veranstaltete »bunte Gewühl von grotesken Gestalten« bei der Prorektorswahl

1 Erst mit der realistischen Literatur in der zweiten Hälfte des neunzehnten Jahrhunderts ändert sich das – unerachtet einiger Vorläufer wie etwa Balzac und Büchner – radikal.

2 Vgl. das Doppelgängermotiv bei E.T.A. Hoffmann; dazu Lüderssen, *Produktive Spiegelungen*, S. 129 ff.

wird minutiös beschrieben, und auch, daß »auch Goethe aus den Fenstern des gegenüberstehenden wolfischen Hauses« das alles beobachtete (FA 5, S. 123). In den Berichten über Wanderungen wechseln präzise Landschaftsbeschreibungen und Erlebnisse mit kenntnisreichen Würdigungen gesehener Bildergalerien (vgl. FA 5, S. 133) und ungezählten Episoden witzig-abenteuerlicher Couleur. So geht es über Monate und Jahre. Eichendorff liest Petrarca (vgl. FA 5, S. 251) und geht in Pandekten-Vorlesungen. Nachdem er noch in Lauchstädt – von Halle aus – *Fiesco* gesehen hat, erlebt er – nun in Heidelberg – *Don Carlos*, jeweils gibt es treffende kurze Kritiken. Das sind Probestücke eines genußreichen, prätentiösen Lebens in einem gleichbleibenden Erlebnisfluß.

Nur eines fällt aus dem Rahmen. In Halle kommt es wegen einiger »Urheber der hiesigen Revolution« (FA 5, S. 125) zu einer »Exekution« mit Spießrutenlaufen (»weniger straffällige Mitschuldige wurden mit dem Ochsenziemer durchgehauen«), was bei wiederholter Anwendung der Prozedur dazu führte, daß ein Kutscher »einige Tage darauf an den Folgen der Spießruten« starb, »so wie auch ein altes Weib an denen des Ochsenziemers« (FA 5, S. 126). Das wird kommentarlos berichtet. Die Empfindsamkeit des Romantikers fehlt hier und damit vielleicht auch ein auslösendes Moment für eine entsprechende Literatur. Auch die katholische Seele scheint ganz unbeeindruckt. So muß man für diese Jugendperiode abschließend registrieren, daß es Verbindungen zwischen der nüchternen Beschäftigung mit dem Recht, den sozialen – oft bedrückenden – Erlebnissen und dem hochfliegenden Leben als Poet nicht gegeben hat.

Erst als Eichendorff Regierungsrat in Danzig wurde und den Oberpräsidenten der Provinz Westpreußen, Theodor von

Schön, zum Vorgesetzten erhielt, änderte sich das Bild. Theodor von Schön gilt als »eine der umstrittensten, aber auch interessantesten Erscheinungen auf der Bühne preußischer Politik der ersten Hälfte des neunzehnten Jahrhunderts«. Sein Ideal war der »gebildete Beamte«. »Die poetischen Ambitionen seines Mitarbeiters« Eichendorff zählte er »zu den schönen Nebensachen, er sah in ihnen nicht eine liebenswürdige Freizeitbeschäftigung, sie waren ihm Ausweis für die Befähigung Eichendorffs, ein hoher preußischer Beamter zu sein«.[1] Innerhalb der höheren preußischen Beamtenschaft in der ersten Hälfte des neunzehnten Jahrhunderts, heißt es weiter, habe man »Karriere durch Poesie [. . .] machen« können und »Eichendorff habe sich dieser Strömung eingefügt«.[2]

An diese Wahrnehmungen knüpft sich die These, »daß die landläufige Trennung von poetischer und beruflicher Tätigkeit für das Werk Eichendorffs nicht aufrecht erhalten werden« könne, »daß Poesie für ihn keineswegs Fluchtraum aus seinem unbefriedigenden Beamtenalltag gewesen« sei, »daß er vielmehr in Danzig und Königsberg die Symbiose von Beamten- und Dichtertum erlernt« habe.[3]

Die nachfolgenden Beamtenjahre belegen das aber eigentlich nicht. Auf die Arbeit unter dem Oberpräsidenten Schön folgt eine Tätigkeit als Hilfsdezernent bei verschiedenen Berliner Ministerien, zu nennenswerten Beförderungen kommt es nicht. Darüber ist gerätselt worden.[4] Und es wird eine Bemerkung Immermanns zitiert, der in einem Roman angesichts der Bemühungen des Helden »um sinnvollen Einsatz

1 Frühwald, *Der Regierungsrat Joseph von Eichendorff*, S. 249 f.
2 Ebd., S. 251.
3 Ebd., S. 248.
4 Wohlhaupter, Bd. 2, S. 125 f.

im Staatsdienst Preußens« die Äußerung kolportiere: »So sehr man die Persönlichkeit, Geist, Talent als gesellige Tugend achtet, so sehr verschiedene Gestalt nahmen die Dinge an, wenn vom Dienst des Landes die Rede war. Dann trat behutsam und indirekt, aber unzweideutig die alte Furcht vor dem Genie auf, mit welchem man im Amt und Stelle nichts zu schaffen haben mochte.«[1] Jedenfalls quittiert Eichendorff dieses Leben schließlich in einem Brief an Schön[2] mit der Bemerkung, daß ihn »der liebe Gott gleichsam in der Luft mit einer kleinen poetischen Domäne belehnt« habe.[3] Mit 56 Jahren läßt er sich pensionieren, und es nimmt nicht wunder, daß er aus den Anschauungen und wertenden Orientierungen, die sein berufliches Leben mit sich gebracht hat, wenig macht für sein schriftstellerisches Leben. In seinen amtlichen Schriftsätzen hat denn auch die Forschung nichts Einschlägiges gefunden. Es wird ihm nur bescheinigt, daß aus diesen Texten »die rechte Einstellung zu den Menschen und zu den Dingen« hervorgehe, er wisse »Wesentliches vom Nebensächlichen wohl zu unterscheiden«, und das gebe ihm auch »eine gewisse Überlegenheit«, lasse »ihn die Dinge sehen aus der Distance, völlig unbefangen, so daß dann eine freie, unvoreingenommene und kluge Entscheidung möglich« sei.[4] Diese formalen Qualitäten werden ergänzt durch eine freundlich-nachsichtige Tendenz bei der Beurteilung schwieriger, zum Teil sozial anrührender Fälle.[5]

1 Zitiert bei Wohlhaupter, Bd. 2, S. 125.

2 9. April 1844, zitiert nach ebd., S. 128.

3 Ebd.

4 Pörnbacher, *Joseph Freiherr von Eichendorff als Beamter*, S. 72, mit Hinweisen auf entsprechende Belege.

5 Vgl. die Belege bei Pörnbacher, ebd., S. 65 f.

Das kennen wir auch von Kafka und E.T.A. Hoffmann,[1] die aber wohl mehr riskierten (jedenfalls in politisch brisanten Fällen),[2] mehr jedenfalls als Goethe, dessen Zurückhaltung bei der Frage der Todesstrafe für eine Kindsmörderin bekannt ist.[3] Alle drei Autoren haben sehr viel entschiedener ihren Schriftsätzen, Gutachten und Artikeln das Ingenium einer die problematischen Abstraktionen der Jurisprudenz verlassenden Individualisierung mitgegeben. Damit mag zusammenhängen, daß ihre »amtlichen Schriften« inzwischen nach und nach publiziert worden sind. Bei allen dreien sind sie schließlich sogar Teil der neuesten Gesamtausgaben geworden. In der Tat sind es gerade Goethes »amtliche Schriften«, die dazu angetan sind, den herkömmlichen engen Begriff vom Recht als etwas Formalem und Schwerfälligem, die Komplexität Scheuendem zu sprengen.[4] Wer sich bei Eichendorff von dem Eindruck der fröhlichen Harmonie befreien möchte, die von den Interpreten seiner Tagebücher auch für die *Wiener* Studienzeit vermutet wird, wo er »intensive Examensvorbereitung, Arbeit an seinem Roman *Ahnung und Gegenwart* und vergnügliche Stunden im geselligen Kreis glücklich im Tagesablauf unterzubringen« wußte,[5] muß nach anderen Quellen für eine Poesie und Jurisprudenz integrierende Konzeption Ausschau halten.

1 Vgl. Lüderssen, *Die düstere Poesie des Paradoxen im Recht.*

2 Vgl. Lüderssen, *Produktive Spiegelungen*, S. 129 ff.

3 Vgl. Müller-Dietz, *Goethe und die Todesstrafe*, der freilich darauf aufmerksam macht, wie vorsichtig man hier alle Umstände bedenken müsse. Vgl. dazu auch Jerouschek, *Skandal* um Goethe.

4 Darüber Lüderssen, *Ich will lieber eine Ungerechtigkeit begehen als Unordnung ertragen.*

5 Pörnbacher, *Joseph Freiherr von Eichendorff als Beamter*, S. 70.

Poesie bleibt Poesie?

Man findet sie vielleicht eher dort, wo Eichendorff sagt, der Dichter habe eine Rolle für die »erstrebte Weltharmonie«,[1] habe Anteil an der Menschheitsverbesserung.

Mit Recht habe das nichts zu tun, wird hier vielleicht sofort eingewendet. Aber das stimmt insofern nicht, als auch im modernen Recht jedenfalls der Gesetzgeber seine Orientierung auf der Basis von Bewertungen sucht, die man mit Max Weber »verantwortungsethisch« nennen kann, und damit ist ein großer Teil der Moral einbezogen. Natürlich ist das nur ein Rahmen. Man muß nach Konkretisierungen suchen.

Daß man sie in den Gedichten nicht findet, bedarf vielleicht kaum einer Hervorhebung, obwohl es auch da an Anstrengungen nicht gefehlt hat. Aber die Bezüge sind ja ganz locker, reichen allenfalls in die Region das Gemeinplätzige streifender Apostrophierungen juristischer Eigentümlichkeiten, sei es nach der persönlichen oder der sachlichen Seite hin.[2] Ähnliches muß man sagen von dem »Recht in Eichendorffs dramatischem Schaffen«.[3] Allenfalls kann man hier noch die eine oder andere Wendung registrieren, die dem Unverbrüchlichen des Rechts oder ähnlich anspruchsvollen Attributen Respekt zollt bzw. dort, wo diese Rechtstugenden fehlen oder verletzt werden, in einen Klageton verfällt.[4] Bleibt noch einiges Humorvolle.[5]

1 *Der politische Brief*, in: FA 5, S. 648 ff. (650).

2 Vgl. die Beispiele bei Wohlhaupter, Bd. 2, S. 150.

3 Ebd., S. 154.

4 Vgl. die Beispiele bei Wohlhaupter, ebd, S. 154 ff.

5 Aber selbst Wohlhaupter wird hier etwas kleinlaut, vgl. seine Bemerkung ebd., S. 163 ff.

Mit einer gewissen Beklommenheit nähert man sich daher den Romanen und Erzählungen und hofft, dort wenigstens etwas zu finden. Aber man scheitert auch hier aus den gleichen Gründen wie bei den Gedichten. Eine Ausnahme könnte die Novelle *Das Schloß Dürande* sein. Sie wird als eine gewissermaßen parallele Erzählung zu Kleists *Michael Kohlhaas* gesehen,[1] und das eröffnet – weil beim *Kohlhaas* tatsächlich eine lastende Rechtsproblematik entwickelt wird[2] – die Vermutung, daß es vielleicht in Eichendorffs Erzählung genauso sei.

Das ist aber nicht der Fall. Gerade der Vergleich mit *Michael Kohlhaas* zeigt das. Die somnambule Eigendynamik dieser Erzählung, die ständige Beunruhigung durch den doppelten Boden, auf dem man wandelt – nach Marcel Reich-Ranicki eine conditio sine qua non für »Literatur« – nimmt der narrativen Argumentation des Textes nichts, im Gegenteil, läßt sie um so deutlicher – dämonisch – hervortreten. Die psychologische Zwangsläufigkeit, mit der Kohlhaas Schritt für Schritt in seinen schließlich jedes Maß verlierenden Exzeß der Rechtsdurchsetzung gerät, ist in ihrer Stufenfolge klar abgezirkelt: erst der Weg in die Dresdner Büros, dann der Versuch, mit dem Junker zu einer Art Absprache, wie wir heute sagen würden, zu kommen; weiter die Versuche seiner Frau, über den Kurfürsten von Brandenburg eine Lösung zu erreichen, ihr unverschuldeter Tod dabei – das sind die Vorstufen von Gewaltaktionen, die sich ihrerseits in deutlich voneinander abgetrennten Schüben vollziehen. Die scheinbar-vorläufige Beruhigung durch Luthers Intervention kann nicht verhin-

1 Vgl. Heimböckel, *Eichendorff mit Kleist*, und Koopmann, *Eichendorff und die Aufklärung*, S. 33 ff.

2 Vielfach behandelt zuletzt Naucke, *Die Michael-Kohlhaas-Situation*.

dern, daß schließlich ein Krieg herrscht, in dem Kohlhaas untergeht, bei scheinbarer »Wiederherstellung seiner Rechtsposition«.[1]

Im *Schloß Dürande* gibt es diese Konturen nicht, auch wenn im äußeren Ablauf der Geschichte die Hauptfigur – Renald – in immer größere Nöte und schließlich eine Art Raserei gerät, denn diese ist nicht wie bei Kohlhaas so etwas wie eine letzte systematische Konsequenz – »sein Rechtsgefühl aber machte ihn zum Räuber und Mörder« –, sondern allerhand äußeren Zufällen geschuldet. Unglückliche Verwechslungen und die Dazwischenkunft halbrevolutionärer Banden führen schließlich zum Tod aller Beteiligten, und es ist sehr kühn von Eichendorff, die Schlußwendung seiner Novelle »Du aber hüte Dich, das wilde Tier zu wecken in der Brust, daß es nicht plötzlich ausbricht und Dich selbst zerreißt« (FA 3, S. 465) in eine gedankliche Beziehung zu Kleist zu bringen.[2] Vor allem aber: Die ganze Geschichte beruht ja auf einem Irrtum. Der Graf hatte die Schwester Renalds, Gabriele, gar nicht entführt, vielmehr war diese in der Gestalt eines Gärtnerburschen bei dem Grafen aufgetaucht, offenbar aus großer Liebe oder Zuneigung, ganz klar wird das nicht, und Renald hat das bis zum Schluß nicht gewußt, ist also bei seiner Forde-

1 Die rechtliche Beurteilung dieses Vorgangs ist außerordentlich umstritten; diese Erörterung gehört aber nicht hierher, vgl. deshalb nur die besonders exponierte Position von Naucke.

2 In *Über die ethische und religiöse Bedeutung der neueren romantischen Poesie in Deutschland* schreibt Eichendorff: »Hüte Jeder das wilde Tier in seiner Brust, daß es nicht plötzlich ausbricht und ihn selbst zerreißt! Denn das war Kleists Unglück und schwergebüßte Schuld, daß er diese, keinem Dichter fremde, dämonische Gewalt nicht bändigen konnte oder wollte, die bald unverhohlen, bald heimlich-leise, und dann nur um so grauenvoller, fast durch alle seine Dichtungen geht.« (FA 6, S. 227; dazu Wohlhaupter, Bd. 2, S. 147)

rung, der Graf möge Gabriele herausgeben, von ganz falschen Voraussetzungen ausgegangen. Bei Kleist haben wir ein kompliziertes Geflecht wechselseitig sich bedingender gezielter Handlungen; bei Eichendorff verhalten sich die Beteiligten eher wie im Traum und werden von den Ereignissen, für die sie selbst nichts können, tragisch verfolgt. Die einzige einigermaßen erkennbare Rechtsposition erscheint ziemlich am Anfang der Erzählung, als »Renald seine Runde in der weitläuftigen Stadt« beginnt, weil er nichts mehr von der »Großmut des stolzen Grafen« wissen möchte, sondern »jetzt nur sein *Recht*!« will. Die Schilderung seiner darauf gerichteten Versuche ähnelt in der Tat den ersten Schritten Kohlhaas' und ist sehr anschaulich: »So suchte er unverdrossen eine Menge Advokaten hinter ihren großen Dintenfässern auf, aber die sahen's gleich alle den goldbortenen Rauten seines Rockes an, daß sie nicht aus seiner eigenen Tasche gewachsen waren; der eine verlangte unmögliche Zeugen, der andere Dokumente, die er nicht hatte, und alle foderten Vorschuß. Ein junger reicher Advokat wollte sich totlachen über die ganze Geschichte; er fragte, ob die Schwester jung, schön, und erbot sich, den ganzen Handel umsonst zu führen und die arme Waise dann zu sich ins Haus zu nehmen, während ein andrer gar das Mädchen selber heiraten wollte, wenn sie fernerhin beim Grafen bliebe.« (FA 3, S. 444) Die sich anschließenden Wege Renalds zur »Polizeibehörde« wecken ebenfalls zwar die lebhafte Teilnahme des Lesers; »da wurde er aus einem Revier ins andere geschickt, von Pontius zu Pilatus, und jeder wusch seine Hände in Unschuld, Niemand hatte Zeit, in dem Getriebe ein vernünftiges Wort zu hören, und als er endlich vor das rechte Bureau kam, zeigten sie ihm ein langes Verzeichnis der Dienstleute und Hausgenossen des

Grafen Dürande: seine Schwester war durchaus nicht darunter. Er habe Geister gesehen, hieß es, er solle keine unnützen Flausen machen; man hielt ihn für einen Narren, und er mußte froh sein, nur ungestraft wieder unter Gottes freien Himmel zu kommen.« (FA 3, S. 444 f.) Aber dann wechselt der Duktus, und das Phantastische beginnt: »[. . .] jetzt wußt' er keine Hülfe mehr, es ekelte ihm recht vor dem Schmutze der Welt. In diesem Hinbrüten, wie wenn man beim Sonnenglanz die Augen schließt, spielten feurige Figuren wechselnd auf dem dunkeln Grund seiner Seele: schlängelnde Zornesblitze und halbgeborne Gedanken blutiger Rache.« (FA 3, S. 445) Es gibt zwar noch den Versuch Renalds, sich nunmehr an den König zu wenden, aber auch diese Schilderung verläßt bereits die Realität. Freilich ist sie wunderschön, »Renald drängte sich mit klopfendem Herzen in die vorderste Reihe. Es war einer jener halbverschleierten Wintertage, die lügenhaft den Sommer nachspiegeln, die Sonne schien lau, aber falsch über die stillen Paläste«, und es wird immer märchenhafter: »[. . .] weiterhin zogen Schwäne auf den Weihern, kein Vogel sang mehr, nur die weißen Marmorbilder standen noch verlassen in der prächtigen Einsamkeit. [. . .] und mitten in dem Jubel, Rauschen und Funkeln schritt der König in einfachem Kleide langsam die breiten Marmorstufen hinab. Er sah traurig und bleich [. . .] Jetzt gewahrte Renald mit einiger Verwirrung auch den Grafen Dürande unter dem Gefolge, er sprach so eben halbflüsternd zu einer jungen schönen Dame. [. . .] Da wandte sich das Fräulein lachend, Renald erschrak, ihr dunkles Auge war wie Gabrielens in ihren fröhlichen Tagen – es wollte ihm das Herz zerreißen. – Darüber hatte er alles Andere vergessen«. (FA 3, S. 446) Es kommt zu einem Zusammenstoß mit dem begleitenden Personal, Renald wird abgeführt. Was folgt, ist herrlich zu lesen, in der präzisen Romantik des Grauens, und der Boden ist nicht nur doppelt, sondern dreifach, alle Bedingungen sind erfüllt, aber die narrative Argumentation, ohnehin nur in Ansätzen erkennbar, verschwindet ganz. Sie war Eichendorffs Sache nicht, und für das heikle Geschäft der Vermittlung von Recht und Literatur ist in seinen erzählenden Schriften kein Platz.

Wohl aber in seinen politischen Schriften, deren hoher Ton auf die moralische Ausgangsposition zurückweist, und deshalb dürfen sie nicht losgelöst davon betrachtet werden. Sie gehören zu dem »ewigen Künstlertraum von der Einheit mit dem Ganzen«,[1] und dieser kann sich durchaus auch mit Rechtstraditionen verbinden, die durch große – eine starke sozialethische Verantwortung fühlende – Persönlichkeiten geprägt sind. So war das in den USA in der zweiten Hälfte des 19. Jahrhunderts, und es ist bezeichnend, daß mit dieser Epoche der Beginn des *Law and Literature Movement* verknüpft ist.[2]

Die Quellen für in Zusammenhänge dieser Art zu rückende Äußerungen Eichendorffs verteilen sich auf eine Reihe von Gelegenheitsarbeiten, deren Titeln man nicht unbedingt ansieht, worauf es dem Autor dann im einzelnen ankommt. Da gibt es im Rahmen der »Beiträge für die geplante ›Historisch-politische Zeitschrift‹ verfassungsrechtliche Betrachtungen[3] – darunter den »politischen Brief«, der im Anhang dieses Buches wiedergegeben ist, dann die Vorlage zur Pressegesetzgebung,

1 Richard Kämmerlings in der *Frankfurter Allgemeinen Zeitung* vom 15. 2. 2007.

2 Einzelheiten bei Binder / Weisberg, *Literary Criticism of Law*; dazu Lüderssen, *Produktive Spiegelungen*, S. 58 ff.

3 FA 5, S. 599 ff., Kommentar S. 1141 ff.

mit diversen Untertiteln,[1] und die Probearbeit für die Zulassung zur Assessorprüfung, unter dem späteren Titel »Über die Folgen von der Aufhebung der Landeshoheit der Bischöfe und der Kloster in Deutschland«.[2] Vieles steht auch in dem, was als »autobiographische Dichtungen« zusammengefaßt ist,[3] vor allem in der Abhandlung »Der Adel und die Revolution« und der Erinnerung an »Halle und Heidelberg«.[4]

1 FA 5, S. 511 ff., Kommentar S. 1118 ff.
2 FA 5, S. 455 ff., Kommentar S. 1104 ff.
3 FA 5, S. 349.
4 FA 5, S. 391 ff. bzw. 416 ff., Kommentar S. 1059 ff.

Die Historische Rechtsschule

Es waren mehr oder weniger aktuelle Probleme, die Eichendorff behandelte. Er stand damit also gewissermaßen mitten im Rechtsleben seiner Zeit. Davon müssen wir etwas wissen, um seine Einlassungen zu verstehen. Sie stammen aus einer Zeit, in der ungewöhnlich vieles, teils einander Ergänzendes, teils Widerstreitendes, in Deutschland zusammenkam: beginnendes Nationalgefühl, Anfänge liberaler demokratischer Politik, Zurückdrängung des gerade ein wenig hervorgetretenen Empirismus in den Geisteswissenschaften durch Ausbreitung der von Kant am naiven Sensualismus geübten Kritik, fast gleichzeitig einsetzend die Überwucherung der Kritik Kants an der naiven Schulphilosophie durch den objektiven Idealismus, Widerspiegelung und unabhängige Entwicklung dieser Gegensätze in der allgemeinen und schönen Literatur, und eben die den Romantikern, zu deren späten Vertretern Eichendorff ja gehört, von allem, was damals galt, am nächsten stehende *Historische Rechtsschule.*

Ihre Basis war die Skepsis gegenüber der im späten achtzehnten Jahrhundert endgültig entfalteten Kodifikationsidee, jener der Vorstellung, daß man Recht nicht einfach habe und es dann nachträglich aufzeichne, sondern daß die Kodifikation, ungeachtet vieler historischer Anknüpfungen, *konstitutiv* für das Recht sei,[1] nicht nur *deklaratorisch*. Um die Wende vom achtzehnten zum neunzehnten Jahrhundert kam es dementsprechend zu vielen Neuschöpfungen, beginnend etwa mit dem Preußischen Allgemeinen Landrecht (1794), sich fortset-

1 Dazu Wieacker, *Aufstieg, Blüte und Krisis der Kodifikationsidee.*

zend mit dem Bayerischen Strafgesetzbuch von 1813 und – später – den Strafgesetzbüchern weiterer deutscher Länder. Die philosophische und politische Aufklärung, äußerlich mit der Französischen Revolution einhergehend, aber auch die Neuordnung Europas nach der Auflösung des Deutschen Reiches förderten diese Tendenz. Mit der aufklärerischen Skepsis gegenüber Autoritäten, die sich nach Ablösung der religiösen Vorgaben zunächst auf die Antike stützten und eigentlich erst seit Leibniz eine unabhängige, aber mit hohem Verbindlichkeitsanspruch auftretende geistige Welt entwikkelten, verband sich der Wunsch, alles neu zu machen beziehungsweise sich für bestimmte Positionen – hier kam das metaphysische Naturrecht durchaus noch zur Geltung – zu *entscheiden*. Aber nicht nur restaurative Kräfte, sondern auch aus vielen Quellen sich speisende – vor Naivitäten warnende – fortschrittliche Strömungen entfalteten einen Einfluß, der den »Beruf unserer Zeit zur Gesetzgebung«[1] zu einer Frage werden ließ, die das ganze neunzehnte Jahrhundert beschäftigte, bis hin zu den großen Kodifikationen im letzten Drittel des neunzehnten Jahrhunderts – Reichsjustizgesetze, Strafgesetzbuch und schließlich Bürgerliches Gesetzbuch. Was in der *Historischen Rechtsschule*, die jene Frage gewissermaßen federführend verwaltete, alles zusammenkam, wird sehr deutlich, wenn man die »philosophischen Lehrjahre« des jungen Savigny betrachtet.[2] Savignys Credo, alles Recht entstehe »unsichtbar und wahrhaft in ›innerer Notwendigkeit‹, ›organisch‹, ›natürlich‹, ›ohne Revolution‹ und nicht eigentlich aus bewußtem Gesetz« und sei dadurch »wirkliches

1 Savigny, *Vom Beruf unserer Zeit für Gesetzgebung und Rechtswissenschaft* (1814).
2 Vgl. Nörr, *Savignys philosophische Lehrjahre.*

Recht«,[1] klingt unproblematischer, als es ist. Wenn man rekonstruiert, wie er, noch in den frühen Zwanzigern, seine Position gewinnt, erhält man den ersten Begriff davon, welche »geistesgeschichtlichen Glanzstücke wie ›geschichtliche Rechtswissenschaft‹, Historische Schule, Historismus, Neuhumanismus, Romantik, Idealismus, Naturrecht, Rechtsmetaphysik, Volksgeistlehre, Gesetzgebungskritik, konservative Reform und schon ›Formalismus‹, ›Positivismus‹ und ›Begriffsjurisprudenz‹« sich mit seiner Arbeit verbinden.[2] Dem lag eine »historisch-philosophische Doppelorientierung«[3] zugrunde. Praktisch bedeutete das, daß »Volksleben und Juristenwissenschaft« zusammenwirken. Das Recht »entwachse [...] notwendig dem ›gemeinsamen Bewußtsein‹, werde Inhalt abgesonderter ›Tätigkeit des Volkes‹ und falle ›dem Bewußtsein‹ der zum Stand gewordenen Juristen anheim«.[4]

Radikale und schnelle Veränderung war nicht gemeint. Savigny hatte ein kritisches Verhältnis zur Französischen Revolution. Sehr deutlich ist eine frühere briefliche Äußerung: »Jetzt, wo den alten Formen allgemeine Zerstörung droht, ist es nöthiger als sie, einen Standpunkt zu suchen, der, unabhängig von dem Positiven und Konventionellen, in uns begründet ist.«[5] In der Französischen Revolution sei »unter der scheinbaren ›Herrschaft der Philosophie‹ die ›schreyenste Ungerechtigkeit‹« erfolgt. Eine Revolution aber müsse »aus dem innern Heiligthum des Geistes ausgehen«, mit dem Ziel, nicht »*unter* den Gegebenheiten« zu bleiben, sondern sich

1 Joachim Rückert in: Stolleis (Hg.), *Juristen*, S. 542.
2 Ebd., S. 541.
3 Ebd., S. 543.
4 Ebd., S. 542.
5 Brief an Constantin von Neurath, abgedruckt bei Stoll, Nr. 9.

»über sie zu erheben«. In diesem Zusammenhang wird auf das »Glaubensbekenntnis« von Joseph Görres hingewiesen, in dem sich manche Parallelen zur Auffassung Savignys finden, vor allem mit Blick auf die »immer zum Besseren fortschreitenden Reformen«.[1] Die ›Tyrannei‹ von oben wurde von ihm ›als gleich verwerflich erachtet‹ wie die ›Tyrannei von unten‹.«[2]

Hier haben wir eine erste – auch äußere – Anknüpfung, denn während seines Studiums in Heidelberg (1807-1808) geht Eichendorff mehrere Male in der Woche in die philosophische Vorlesung von Görres und gerät ganz in seinen Bann. Unmittelbar danach lernt er in Berlin Adam Müller kennen, dessen *Elemente der Staatskunst* auf einen ähnlichen Ton gestimmt waren wie die Vorlesungen von Görres. Auch bei ihm ist »das organische Wachstum [. . .] einer der Grundgedanken« über seine »Ansichten vom Staat«.[3] Das muß man wissen, um zu verstehen, was Eichendorff zwanzig Jahre später schreibt: »Eine Verfassung kann nicht *gemacht* werden, denn Willkür bleibt Willkür und unheilbringend, sie komme, woher sie wolle; es ist aber gleich willkürlich, ob man den Leuten sagt, ihr sollt nicht frei sein, oder: Ihr sollt und müßt gerade auf diese und keine andere Weise frei sein! Weder das müßige Geschäft des Tages, noch die Meinung der Gelehrten oder irgend einer Kaste darf hier entscheiden, sondern allein die innere Notwendigkeit, als das Ergebnis der eigentümlichen nationalen Entwicklung. Nicht vom Verfasser nennt man es Verfassung, sondern weil es alle Elemente des Volkslebens

1 Nörr, *Savignys philosophische Lehrjahre*, S. 29.
2 Lützeler, *Von europäischer Republik*, S. 104.
3 Riemen, *Freiheit und gewachsene Ordnung statt Liberté und Egalité*, S. 30.

umfassen, der physiognomische Ausdruck der Individualität eines bestimmten Volkes sein soll. Mit und in der Geschichte der Nation muß daher die Verfassung, wenn sie nicht ein bloßes Luftgebilde bleiben will, organisch emporwachsen wie ein Baum, der das innerste Mark in immergrünen Kronen dem Himmel zuwendend, sich selber stützt und hält und den mütterlichen Boden beschirmt, in welchem er wurzelt.«[1] Das bezieht sich auf die Frage, ob Preußen eine Verfassung erhalten solle, war also ein zeitgenössisches Thema. Aber der Blick zurück in die Geschichte lehrt Eichendorff nichts anderes. In den Gottesfrieden des hohen Mittelalters sieht er das Resultat der Anstrengung einer Geistlichkeit, welche »leitend und an das Ewige mahnend, in jene ursprüngliche Tiefe des Volksgemüts« sich hinabbewegt habe, »wo kein menschliches Gesetz mehr auslangt«.[2] Das geschichtlich Gewordene ist gemeint, nicht eine abstrakte »lex divina oder lex naturalis«. Seine historischen Novellen und Dramen seien, heißt es, der Beleg dafür.[3] Er ist kritisch gleichermaßen gegen die Theologen, die »eine elegante Aufklärungsreligion« unterrichten, und die Juristen, die »ein sogenanntes Naturrecht, das nirgends galt und niemals gelten konnte«, lehren.[4] Einen dieser Lehrer stellt er in der erst postum unter dem irreführenden Titel »Auch ich war in Arkadien!« veröffentlichten Satire auf das Wartburgfest vor: »Bei Tische selbst aber präsidierte ein großer, breiter, starker Mann mit dickem Backenbart und Adler-

1 *Preußen und die Konstitutionen*, in: FA 5, S. 611 ff. (615). Vgl. auch *Preußen und die Verfassungsfrage*, FA 5, S. 599 ff., und die editorische Bemerkung zu dem im Anhang wiedergegebenen Text.

2 Über die Folgen der Aufhebung der Landeshoheit der Bischöfe und der Klöster in Deutschland, FA 5, S. 455 ff. (462).

3 Wohlhaupter, Bd. 2, S. 185.

4 *Halle und Heidelberg*, FA 5, S. 418.

nase, den sie den Professor nannten. Nachdem er gleich beim ersten Niedersitzen einen Sessel eingebrochen und mit den Ellenbogen einige Gläser umgeworfen hatte, streifte er sich beide Ärmel auf, und begann mit einem gewissen martialischen Anstande den Braten zu zerlegen. Nichtsdestoweniger harangierte er zu gleicher Zeit die Gesellschaft in einer abstrakten Rede über Freiheit, Toleranz, und wie das alles endlich zur Wahrheit werden müsse. Dabei langte er über den halben Tisch weg bald nach dem Salzfaß, bald nach der Pfefferbüchse, und schnitt und trank und sprach und kaute mit solchem Nachdruck, daß er ganz rotblau im Gesichte wurde. Aller Augen hingen an seinem glänzenden Munde, nicht ohne schmachtende Seitenblicke auf den Braten, denn er aß beim Vorschneiden in der Tat nicht nur das beste, sondern fast alles allein auf. Einige benutzten die Momente, wo er den Mund zu voll genommen hatte, um selbst zu Worte zu kommen; sie gaben von dem vorhin Memorierten, wie ich leicht bemerken konnte, da ich selbst vor dem Essen auf meiner Stube im Moniteur geblättert hatte. Nur ein einziger, ein neidgelber schlanker Mensch, der bei dem Vorschneiden des Professors so seine eigenen Gedanken zu haben schien, unternahm es, dem letzteren mit scheuer, dünner Stimme zu widersprechen. Die Toleranz, wagte er zu meinen, könne nur dann eine Wahrheit werden, wenn beim Essen wie im Staat, jeder Gast und jedes Volk seinen Braten und seine Freiheit apart für sich habe u. s. w. Der Unglückselige! Erschrocken sahen die Anderen den Professor an, wie er es aufnähme. Dieser aber geruhete, zwischen den Weinflaschen hindurch einen zornigen, zerschmetternden Blick auf den Sprecher zu schleudern. Da sprang sogleich die ganze Gesellschaft von den Stühlen auf, nahm den Dünnen ohne weiteres in ihre Mitte, und, eh ich mich besinnen konnte, war er zum Saale hinaus, ich sah nur seine Rockschöße noch um den Türpfosten fliegen. – Darauf ergriff jeder sein volles Glas, drängte sich um den Professor und trank ihm, mit einer tiefen Verbeugung, auf die untertänigste Gesundheit der Freiheit zu.

Jetzt wurde, mit nicht geringem Lärm, noch eine Menge anderer Toasts ausgebracht, die ich dir nicht zu nennen vermag; es schienen sämtliche Begriffe aus des Professors Kompendium des Naturrechts zu sein. Ich weiß nur, daß nach und nach die Zungen, dann die Köpfe schwer und immer schwerer wurden, bis zuletzt alle, wie nasse Kleidungsstücke, rings über den Stühlen umherhingen.« (FA 3, S. 87 f.)

Die Erzählung wird immer phantastischer. Man gelangt irgendwann auf den Blocksberg und trifft »die Oberpriester und andere Gelehrte, sie bauten eine große Regierungs-Maschine nach der neuesten Erfindung des Professors, der sich darauf ein Patent erteilen zu lassen im Sinne führte« (FA 3, S. 100). Eine Satire, die eine Art Vorläufer von Jherings berühmtem Buch *Scherz und Ernst in der Jurisprudenz* (1884) – dieses Mal bezogen auf die Begriffsjurisprudenz – ist und vielleicht von den Juristen von Zeit zu Zeit als Ganzes gelesen werden sollte. Die *öffentliche Meinung* kommt darin vor, »der Wirt aus der Restauration« und der »Gasthof zum Goldenen Zeitgeist«. Spätestens hier bricht der Dichter gewissermaßen ganz durch, die mehr oder weniger poetisch angeflogenen Äußerungen in den Essays weit hinter sich lassend.

Ob Savigny ähnliches wahrgenommen oder phantasiert hat in Vorlesungen, die er als Student hörte? Der Sinn für die Nähe von Literatur und Recht bildete sich jedenfalls früh aus, wurde nicht nur eine Stimulanz, sondern ein wesentliches Element seines juristischen Denkens.

Die Savigny-Literatur geht inzwischen wie selbstverständlich davon aus, »daß die Überlegungen Savignys zur literarischen Kritik eine Konstante seines Denkens auch im juristischen Bereich bezeichnen«.[1] Exemplifiziert wird das in der Parallelisierung von Friedrich Schlegels Rezension von Goethes Roman *Wilhelm Meisters Lehrjahre* und den »Ausführungen Savignys über die ›systematische Form‹ der Rechtswissenschaft«.[2] »Die Lektüre der Rezension Schlegels« lasse weit besser als jede nochmalige Beschreibung dasjenige erfassen, was Savigny »von einer ›systematischen‹ moralischen Darstellung« verlange, »daß sie lebendig und objektiv sei; wenig später gebraucht er die Qualifikationsbegriffe: dynamisch-reell«.[3] In der Vorrede zum *System des heutigen Römischen Rechts* formuliert das Savigny wie folgt: »Ich setze das Wesen der systematischen Methode in die Erkenntnis und Darstellung des inneren Zusammenhanges oder der Verwandtschaft, wodurch die einzelnen Rechtsbegriffe und Rechtsregeln zu einer großen Einheit verbunden werden. Solche Verwandtschaften nun sind erstlich oft verborgen, und ihre Entdeckung wird dann unsere Einsicht bereichern. Sie

1 Nörr, *Savignys philosophische Lehrjahre*, S. 225.
2 Ebd., S. 209.
3 Nachweise ebd., S. 208.

sind ferner sehr mannigfaltig, und je mehr es uns gelingt, bei einem Rechtsinstitut dessen Verwandtschaften nach verschiedenen Seiten hin zu entdecken und zu verfolgen, desto vollständiger wird unsere Einsicht werden«. Dieses Konzept wird zurückgeführt auf Schlegels Darstellung der »Kunstlehre« Goethes. Sie sei es, die »einer ›systematischen Ordnung‹« entspreche, »nicht eben das todte eines Fachwerks eines Lehrgebäudes, aber die lebendige Stufenleiter jeder Naturgeschichte und Bildungslehre«.[1] »Wer [. . .] ächten systematischen Instinkt, Sinn für das Universum, jene Vorempfindung der ganzen Welt hat [. . .], fühlt gleichsam überall die Persönlichkeit und lebendige Individualität des Werks, und je tiefer er forscht, je mehr innere Beziehungen und Verwandtschaften, je mehr geistigen Zusammenhang entdeckt er in demselben.«[2] Aus dieser Perspektive wird deutlich, daß *Wilhelm Meisters Lehrjahre* keine »›einschichtige‹ Lektüre« Savignys war. Wenn Savigny sagt, »daß die *Lehrjahre* zu den Werken gehören, die ›uns mächtig ergreifen, um uns auf eine höhere Stufe der Bildung, also aus unserer bisherigen Subjektivität heraus, zu führen‹, und zugleich bedenkt, wie intensiv er sich immer wieder mit dem Werk beschäftigt hat«, dann ist es nicht falsch, daß man »diese ›Vorzüge‹ des Romans auf den juristischen Bereich – was angesichts des gleicherweise normativen Charakters von Ethik und Recht nicht ganz abwegig ist« – überträgt. Daraus ergebe sich »nicht nur eine von Klassifikationen und Deduktionen entlastete Darstellung des juristischen Systems. Wichtig ist es, daß wir hier sogar eine der Wurzeln der Ablehnung der Kodifizierung des Rechts finden, wie sie der Regelcharakter der Rechtsordnung voraussetzt.«

1 Vgl. die Belege ebd., S. 210.

2 Schlegel, zitiert nach Nörr, *Savignys philosophische Lehrjahre*, S. 210.

Daher bleibe festzuhalten, »daß die spezifische Art der ›künstlerischen Sehweise‹ in Savignys wissenschaftlichem Werk sich am ehesten an der ›offenen‹ Form des Romans exemplifizieren läßt«.

Auch wenn Savigny seine Überlegungen zum Roman als System der Moral bald wieder aufgegeben habe, ändere das nichts daran, daß »der ›Standpunkt des allgemeinen literarischen Sinns, von welchem beide (die Poesie und die Wissenschaft) in gleicher Art angeschaut und empfunden werden‹, geblieben sei«. Danach könne man (»wobei gleichsam *ex post* das juristische System Savignys im Auge zu behalten ist«) »mit fünf Konzepten operieren: Anschaulichkeit, Individualität, Dynamik, Vielschichtigkeit, Totalität«.[1] Wenn »die Rechtssystematik [...] aus der Entgegensetzung der formellen Tätigkeit zum Rechtsstoff« entsteht, und »diesen Gegensatz zur Voraussetzung« hat,[2] liegt der Gedanke nahe, daß man »diese Entgegensetzung [...] überwinden« könne, indem man »den Rechtsstoff aus einem ›Ich‹ entspringen läßt«. Und dann heißt es weiter: »Der ›Volksgeist‹ als ›kollektives Ich‹ und die Juristen als seine Exponenten können diese Aufgabe übernehmen.«[3] Das Ich erhält hier eine Rolle, die womöglich Anlaß zu der – als paradox empfundenen[4] – Aufforderung Savignys ist, »den geschichtlichen Sinn gegen uns selbst zu kehren«,[5] mit anderen Worten, »in Gedanken aus unserer Individualität herauszutreten, und uns zu betrachten

1 Alle Zitate: Nörr, *Savignys philosophische Lehrjahre*, S. 219-221.

2 Das ist eine Formulierung Georg Friedrich Puchtas (1798-1846); Belege bei Herberger, *Dogmatik*, S. 380.

3 Ebd.

4 Nörr, *Savignys philosophische Lehrjahre*, S. 227.

5 Savigny, *Vom Beruf unserer Zeit für Gesetzgebung und Rechtswissenschaft*, S. 115.

als selbst in der Geschichte lebend, unter den mannigfaltigsten Einflüssen der Vorzeit und Gegenwart stehend, und in der Zukunft nach demselben Gesetz verfließend, wie wir rückwärts alle Vorzeiten können verfließen sehen«.[1] Das ist im Grunde eine Vorwegnahme moderner Auffassungen über Individualität und Sozialidentität, wie sie etwa von Karl Löwith beschrieben worden ist: »Der Lebenszusammenhang des Individuums mit anderen bildet eine Art von Leben aus, und diese Neutralisierung des individuellen Daseins im Miteinandersein begründet sich in nichts anderem als in dem sachlich neutralen Sinn des sprachlich neutralen Artikels: *das* Leben.«[2] Zugrunde liegt dem Diltheys Theorie von den Stufen des Verstehens: »Verständnis meiner selbst und anderer stehen in *gegenseitiger Abhängigkeit.* Ich verstehe Andere aus den Erlebnismöglichkeiten meiner selbst, aber ich entwickle zugleich meine eigenen Lebensmöglichkeiten und deren Verständnis im Verstehen anderer. Das eine wie das andere ist nur möglich auf Grund der Voraussetzung einer ›Gesamtheit‹ oder Zusammengehörigkeit.«[3] Die modernste Version bietet Habermas. Für ihn ist »eine neue Identität [...] heute nur noch in reflektiver Gestalt denkbar, nämlich so, daß sie im Bewußtsein allgemeiner und gleicher Chancen der Teilnahme an solchen Kommunikationsprozessen begründet ist, in denen Identitätsbildung als kontinuierlicher Lernprozeß stattfindet«.[4]

1 Savigny, *Rezension zu Gönner: Gesetzgebung*, S. 423.
2 Löwith, *Das Individuum in der Rolle des Mitmenschen*, S. 21.
3 Zitiert nach Löwith, *Das Individuum in der Rolle des Mitmenschen*, S. 95.
4 Habermas, *Können komplexe Gesellschaften eine vernünftige Identität ausbilden?*, S. 41.

Das Individuelle im Kollektiven

Die auf diese Weise ins Spiel kommende »empirische Vielfalt«[1] des Individuellen – in seiner Funktion für das Kollektive – provoziert die Vermutung, daß man bei einem Schriftsteller, der sich bereits nach dem, was wir jetzt schon wissen, als ein Wegbegleiter der Historischen Rechtsschule erweist, interessante Konkretisierungen finden werde. Diese Erwartung wird nicht enttäuscht. Relativ spät gelangt Eichendorff zu einer Formel, die eine Art Schlüssel ist für alle anderen einschlägigen Formulierungen. Viele Individualitäten seien zu unterscheiden: »Sowie persönliche Individuen, so gibt es auch Völker-Individuen, durch Klima, historische Erziehung, durch Stammes-Liebe und Abneigung von einander mannigfach geschieden.« Und nun kommt der entscheidende Satz: »In dem Geltendmachen dieser Individualität besteht überhaupt die subjektive Freiheit.«[2] Dazu paßt die scharfe Aufklärungskritik Eichendorffs, von der in der Literatur so viel die Rede ist, nicht. Diese Kritik gilt eigentlich nur der Verabsolutierung des Rationalen. Was Eichendorff aufklärend mitzuteilen habe, heißt es, sei nicht durch den Verstand zu leisten. Vielmehr sei es so, daß »die Aufklärung bei ihm gewissermaßen über Bild, ursprüngliche Einsicht und Gefühl gehen muß, nicht über die Vernunft«.[3] Die Vorbehalte gegenüber einem »flachen Rationalismus« seien ja auch schon von Lessing formuliert worden.[4] Was Eichendorff »bei aller Kritik an

1 Herberger, *Dogmatik*, S. 379.
2 *Die heilige Hedwig*, FA 5, S. 836.
3 Koopmann, *Eichendorff und die Aufklärung*, S. 36.
4 Ebd., S. 40.

der Aufklärung« mit ihr verbunden habe, das sei die »Idee der historischen Selbstbestimmung«. Er habe die Aufgabe des Dichters darin gesehen, »die Weltgeschichte als vom Einzelnen zu verantwortende Geschichte zu begreifen«. Eichendorff habe also die Aufklärung gewissermaßen »mit ihren eigenen Waffen zu schlagen gedacht, und sie doch wie kaum eine andere Zeit gebraucht, um seine Geschichtssicht zu verdeutlichen«.[1]

Der am Gefühl orientierte Individualismus der Romantik ist in der literaturwissenschaftlichen Tradition vor allem der zwanziger und dreißiger Jahre des vergangenen Jahrhunderts als ein Beweis dafür aufgefaßt worden, daß die Romantik eine deutsche Bewegung sei gegen den abgeklärten Rationalismus der Klassik. Wie falsch das ist, kann man daran erkennen, daß die sozialistische Linke, angeführt von Lukács, die spezifische Variante des Individualismus der Romantik als einen abzulehnenden »Modernitätsimpuls der romantischen Bewegung« bezeichnete, der die Grundlage für die »subversiven Potentiale der literarischen Moderne« geliefert habe.[2] Gegen das Subversive wandten sich gleichermaßen Carl Schmitt und – eine auf den ersten Blick überraschende, dann aber doch ganz schlüssige Gemeinsamkeit – Emil Staiger unter der allgemeinen Devise der Kritik an den Romantikern »als Zersetzern des Wahren, Guten, Schönen« (in diesem Falle war Ludwig Tieck »als Vorläufer der Moderne« gemeint).[3] Um so aufmerksamer muß man daher eine Literatur betrachten, die vom »Wagnis des Wachsens. Zur Ich-Erfah-

1 Ebd., S. 42.
2 Klausnitzer, *Taugenichts im real existierenden Sozialismus*, S. 176.
3 Ebd.

rung im frühen neunzehnten Jahrhundert« spricht.[1] »Freiheit und Autonomie des Individuums« beginnen danach nicht im aufgeklärten achtzehnten Jahrhundert, sondern später. »Die Ahnung von der möglichen Autonomie des Einzelnen bricht sich erst im frühen neunzehnten Jahrhundert Bahn, und auch dort eher noch als phantastischer Ausbruchsversuch denn als Realität.«[2] In dieser Zeit seien »bei Heine ebenso gut wie bei [...] Eichendorff, Seelen-Erfahrungen psychoanalytisch beschrieben [...], wenn auch ohne das verbale Instrumentarium dieser Wissenschaft«, und diese Autoren seien »im Grunde genommen darin schon Vorläufer Freuds«. Allerdings geben nicht »massenpsychologische Erfahrungen« den Ausschlag, »sondern solche des Einzel-Ich, das sich wie in einem Spiegel erkennt, nicht in seiner Gottähnlichkeit, sondern sehr viel mehr in seiner Dämonie und Abgründigkeit«. Im *Sturm und Drang* habe es »eine Befreiung des Ich« gegeben, »die eher auf eine Naturerkenntnis« hinausgelaufen sei. Im frühen neunzehnten Jahrhundert dagegen sei das Ich zu einer Selbsterkenntnis gelangt und nehme »das Wagnis des individuellen Wachsens, der Bewußtseinserweiterung mit ihren Konsequenzen auf sich«.[3] Deshalb sei es das »realere Ich, und von hier aus erschließt sich das realistische neunzehnte Jahrhundert, und wenn wir sehr weit vorausblicken wollen, die Moderne«.[4] Freilich muß diese Freiheit erst gelernt werden,

1 Marx, *Wagnis des Wachsens*.

2 Ebd., S. 164.

3 Ebd., S. 167f.

4 Ebd., S. 170; im übrigen gehören hierher die weit ausgreifenden, freilich vor allem von der Frühromantik ausgehenden Forschungen, die wir Manfred Frank verdanken: *Das individuelle Allgemeine. Textstrukturierung und -interpretation nach Schleiermacher* (1985; mit einer Erwähnung von Eichendorff auf S. 244); *Die Unhintergehbarkeit von Individualität. Re-*

und man kann Eichendorffs Reserve gegenüber Revolution und Demokratie auch im Sinne der ästhetischen Erziehung des Menschen begreifen, ähnlich wie das Schiller getan hat unter Hinweis darauf, daß der Schritt vom ästhetischen Zustand zum logischen und moralischen unendlich leichter sei als der vom physischen Zustand zum ästhetischen.[1]

flexionen über Subjekt, Person und Individuum aus Anlaß ihrer »postmodernen« Toterklärung (1986); *Selbstbewußtsein und Selbstkenntnis. Essays zur analytischen Philosophie der Subjektivität* (1991); *Selbstgefühl. Eine historisch-systematische Erkundung* (2002).

1 Vgl. Schiller, *Über die ästhetische Erziehung des Menschen*, S. 644.

Empirisierende Subjektphilosophie

In der deutschen Rechtsphilosophie überwiegt die Retrospektive auf den durch Kant in besonderer Weise geprägten Begriffe des Individuums und seiner Autonomie. Die Anschauung hat da wenig zu suchen, vielmehr ist das Subjekt metaphysisch definiert, gipfelnd in der Idee, daß freies Handeln nur möglich sei als sittliches Handeln. Damit, was das bis in die Gegenwart und auch für die Zukunft bedeutet, quält sich die Rechtsphilosophie, die sich jetzt lieber Rechtstheorie nennt. Sie schwankt zwischen rein analytischen Erklärungen und fundamentalen Besinnungen, die substantiell dann auch noch hinter Kant zurückgehen, aber eines steht fest: Die Erfahrung bleibt ausgeblendet. Man überläßt sie der Soziologie, und für die Juristen ist das die *Rechts*soziologie; an eine Verbindung von Philosophie und Soziologie ist nicht gedacht. Alle Versuche, die Rechtsphilosophie auf andere Weise, etwa über die Ökonomie oder auch über die Literatur, materialreicher zu machen und insbesondere das abstrakte Vakuum des konstruierten Individuums zu ersetzen durch ein konkret angeschautes, bleiben erfolglos. Die ökonomische Analyse des Rechts ist – mit der Fixierung auf den homo oeconomicus – eine für sich bleibende kleine Richtung, die am Rande die großen rechtstheoretischen Diskussionen berührt, und *Law and Literature* hat gar keine Chance, trotz nun schon in die Jahrzehnte gehender Nachrichten aus den USA und einiger Versuche des Imports.

Nicht ganz ohne Einfluß auf die Rechtsphilosophie indessen ist die *Historische Rechtsschule* geblieben. *Naturrecht und Geschichtlichkeit*, das ist eine Weile das Thema eines gemäßigten Relativismus gewesen,[1] und Kenner der *Historischen Rechtsschule* sind häufig auch gute Kenner der Rechtsphilosophie. Aber eine konstruktive Verbindung scheitert an der Übermacht der Kantischen Tradition auf der einen Seite und dem desillusionierenden Positivismus der analytischen Philosophie auf der anderen.

Vielleicht könnte die Öffnung des Subjektbegriffs[2] für die Empirie gelingen, wenn sich das mit einer dem Idealismus[3] vergleichbaren Emphase verbinden ließe. Das ist nun die Stunde der Romantik, und wahrscheinlich sind es nur die einseitige deutschtümelnde Rezeption[4] und der Mißbrauch durch den Nationalsozialismus,[5] der sich – wo es eben opportun erschien – hemmungslos aus der Geistes- und Sozialgeschichte bediente, die den Blick für diese Möglichkeit bisher verstellt haben. Es geht um die intellektuelle Ausreizung des Gefühls. Die Romantik lehrt uns, daß das keine contradictio in adjecto ist. Vielmehr liefert für die Substantialisierung dieses Vorgangs die Geschichte das Material,[6] wie Eichendorff in wiederkehrenden Beschwörungen deutlich macht, deutlicher als Savigny und andere Vertreter der *Historischen Rechtsschule* es vermocht haben. Erst nachfolgende Generationen haben diese Chance gesehen und in einer Bewegung,

1 Vgl. Kaufmann, *Naturrecht und Geschichtlichkeit*, und ders., *Die Geschichtlichkeit des Rechts im Lichte der Hermeneutik*.

2 Vgl. dazu Lüderssen, *Empirisierende Subjektphilosophie und die Rechte des Individuums in der Epoche der dritten Aufklärung*.

3 Vgl. Henrich, *Der Grund im Bewußtsein*, und ders., *Grundlegung aus dem Ich*.

4 Überblick bei Hollender, *Die politische und ideologische Vereinnahmung Joseph von Eichendorffs*, S. 29 ff.

5 Vgl. Klausnitzer, *Blaue Blume unterm Hakenkreuz*, S. 585 ff.

6 Fetz u. a. (Hg.), *Geschichte und Vorgeschichte der modernen Subjektivität* (Hinweis auf Eichendorff S. 1203).

die sich selbst ein wenig als »Savigny und der Modernismus im Recht« stilisierte,[1] aufzufangen und weiterzuentwickeln versucht. Sie könnten einen späten Support erhalten durch eine revidierte Rezeption der Romantik, insbesondere Eichendorffs, und das könnte sein Beitrag sein zur Belebung einer Rechtsphilosophie, die ihren Platz zwischen Metaphysik und positivistischer Analyse immer noch sucht.

1 Vgl. Manigk, *Savigny und der Modernismus im Recht*.

»Gefühlsjurisprudenz« und Rechtssoziologie

Knapp fünfzig Jahre nach Eichendorffs und – vier Jahre später – Savignys Tod entsteht die sogenannte *Freirechtsbewegung*, die aus Überdruß an zu viel Gesetzgebung, begrifflicher und daher rein rationaler Konstruktion des Rechts auf bisher verborgene, oder besser gesagt: verdrängte Impulse des Rechtslebens setzt. Zu einem auffälligen Anteil sind es Rechtshistoriker, und zwar Vertreter des Römischen Rechts, die sich für die neue Bewegung aussprechen und an ihr arbeiten, und die Verbindung zur *Historischen Rechtsschule* wird sehr bald zu einem zentralen Thema.

Die entscheidenden Impulse kommen von Eugen Ehrlich (1862-1922), der 1913 in seiner *Grundlegung der Soziologie des Rechts* darauf hinweist, von Savigny und Puchta[1] sei der »Schwerpunkt der ganzen Rechtsbildung überhaupt, nicht bloß der des Gewohnheitrechts, ganz in das Rechtsbewußtsein, ›die natürliche Übereinstimmung der Überzeugung eines volksmäßigen Inbegriffs‹, verlegt worden«. Dies wird aus der Perspektive registriert, daß »der Entwicklungsgedanke [...] nicht eine beliebige wissenschaftliche Wahrheit« sei, sondern »die Grundlage des ganzen modernen Denkens, geradezu eine Weltanschauung. Und zu einer Zeit, wo er in den Naturwissenschaften kaum einigen der auserlesensten Geister aufleuchtete, haben ihn bereits Savigny und Puchta in die Rechtswissenschaft, also in die Gesellschaftswissenschaften siegreich eingeführt.« Es habe sich daher bei der *Historischen Rechtsschule* nicht mehr darum gehandelt, »dem Richter Re-

1 Über ihn vorzüglich: Haverkamp, *Georg Friedrich Puchta*.

geln über die Anwendung des Gewohnheitsrechts zu geben, sondern die rechtserzeugenden Kräfte in der Gesellschaft aufzudecken«.[1] Aus diesen Wahrnehmungen hat schon ein Jahr später ein zeitgenössischer Rechtshistoriker und Zivilrechtler den Schluß gezogen: »Die moderne, den Richter vom Gesetz nach Möglichkeit befreiende oder auf die Realitäten des Lebens verweisende Rechtsauffassung ist nichts als eine besondere Gestaltung des historischen Rechtsprinzips.« Das »Schulprinzip Savignys« enthalte also »die allerdings der Entfaltung harrenden Keime eines gesunden Modernismus« und übermittle uns »die methodischen Grundsätze [...], auf deren Boden wir insbesondere das Problem ›Gesetz und Richter‹ der Lösung entgegenführen können«. Das werde freilich, heißt es weiter, weitgehend übersehen,[2] und dem muß man hinzufügen, daß es dabei geblieben ist.[3] Hinzu kommt, daß die Frage seinerzeit auch streitig war.[4]

1 Ehrlich, *Grundlegung der Soziologie des Rechts*, Berlin 1913, S. 361 f.

2 Manigk, *Savigny und der Modernismus im Recht*, S. 12 f.

3 Vgl. etwa die Mitteilungen bei Vogl, *Sozialgesetzgebungspolitik*, S. 128 ff., wo für diesen Zusammenhang ausschließlich auf die Arbeit von Manigk verwiesen wird. Dasselbe gilt für Rückert, *Idealismus, Jurisprudenz und Politik bei Friedrich Carl von Savigny*, S. 25; auch Meder, *Mißverstehen und Verstehen*, S. 222 ff., beschäftigt sich mit dem Thema nur mit Blick auf die Frage, ob Auslegung oder Rechtsfortbildung hier den Ausschlag gebe.

4 Vor allem Kantorowicz, *Was ist uns Savigny?*, war skeptisch gegenüber dem »gepriesenen Entwicklungsgedanken«, was deshalb nicht ohne weiteres übergangen werden darf, weil er unter dem Pseudonym Gnaeus Flavius, *Der Kampf um die Rechtswissenschaft*, 1906, die Freirechtsbewegung mitbegründet hatte. Kritisch zu der Position von Kantorowicz: Manigk, *Savigny und der Modernismus im Recht*, S. 15 f. Dort auch die Auseinandersetzung mit weiteren Gegnern, etwa Gustav Radbruch. Sie alle haben wahrscheinlich bei Savigny einen *metaphysischen* Entwicklungsgedanken vermutet; dazu Manigk, ebd., S. 110. Anders wohl Max Weber; vgl. Dilcher, *Von der geschichtlichen Rechtswissenschaft zur Geschichte des Rechts*.

Grund genug also, den Impulsen nachzugehen, die Eichendorff hier – weit vorausschauend – gegeben haben könnte. Diese Impulse richteten sich vor allem gegen gewaltsame rationale Konstruktionen, gleichviel, ob im Medium deduktiv analytischer Ableitungen oder als Erfindungen. Ihn interessierte die soziale Evolution von Gefühlen. Beide Begriffe sind in der Romantik allgemein und speziell bei Eichendorff von großer Bedeutung. Für das Gefühl lieferte nun die Freirechtsbewegung über die Kultivierung des *Rechts*gefühls den Anstoß, auf das es jedenfalls dann ankomme, wenn ein Gesetz lückenhaft sei, und lückenhaft sei das Gesetz nicht nur, wenn eine »einschlägige Regelung überhaupt« fehle, sondern »bereits dort, wo es den Fall nicht ausdrücklich und eindeutig« entscheide, und das sei »natürlich so gut wie immer so, zumindest in allen streitigen Fällen«.[1] Mit dem *Rechts*gefühl lädt die Freirechtsbewegung zu der Konkretisierung eines Begriffs ein, der eigentlich uferlos ist. Das Rechtsgefühl, so hat man gesagt, sei *die Kunst, richtige Vorverständnisse zu haben*. Damit ist der Anschluß an den hermeneutischen Zirkel erreicht. Wenn »das Rechtsgefühl das Urteil« vorwegnehme und das Gesetz »dann nachträglich die Gründe und Grenzen dafür« hergebe, so sei das ein hermeneutischer Gedanke,[2] und in diesem Hinundherwandern des Blicks bewege sich ohnehin jede juristische Tätigkeit. Das Besondere der Freirechtsbewegung besteht insofern nur in dem *Stellenwert* des Gefühls im Recht.

Der eigentliche Impetus der Freirechtsbewegung ist bald nach deren fast revolutionärem Erscheinen zwar nicht ver-

1 Kaufmann, *Einführung in die Rechtsphilosophie und Rechtstheorie der Gegenwart*, S. 122.

2 Ebd.

schwunden, aber doch einer gewissen Ernüchterung gewichen. Zu anspruchsvoll geworden war inzwischen die – durch den Aufschwung der naturwissenschaftlichen Methoden der zweiten Hälfte des neunzehnten Jahrhunderts geprägte – Behandlung des positiven Rechts. Auch versperrten Pragmatismus und Opportunismus den neuen Weg. Aber die Erfahrung, daß jeder Entscheidung ein Gefühl vorausgehe, ist geblieben, und die neuere Rechtsphilosophie spricht sogar von einer »Rationalität des Rechtsgefühls«. Dem entspricht eine Zunahme der rechtstheoretischen Beschäftigung mit dem Rechtsgefühl.[1]

1 Vgl. Zapka, *Rationalität des Rechtsgefühls*, Lampe (Hg.), *Das sogenannte Rechtsgefühl*, Riezler, *Das Rechtsgefühl*, Rümelin, *Über das Rechtsgefühl*, Bihler, *Rechtsgefühl, System und Wertung.*

Auch hat dabei der Historismus eine zentrale Bedeutung – zu unterscheiden vom Historizismus, ein Terminus, der seit Poppers berühmter Abhandlung *Vom Elend des Historizismus* reserviert ist für diejenige Konzeption der Geschichte, die in ihrem Ablauf Gesetzmäßigkeiten, sei es des Geistes oder der Materie oder beider (in dialektischer Verknüpfung) erkennt. Alles andere nennt man Historismus, wobei die Bedeutungen schwanken. Am geläufigsten ist wohl die Definition, die sich an Arbeiten Friedrich Meineckes anschließt, wonach der Kern des Historismus »in der Ersetzung einer generalisierenden Betrachtung geschichtlich-menschlicher Kräfte durch eine individualisierende Betrachtung« besteht.[1] Dann ist aber doch wieder davon die Rede, mit Historismus sei gemeint, daß den »zunächst mannigfachen Veränderungen ein Prinzip der Ordnung entrissen« werden dürfe.[2] Aber es ist nicht sicher, ob das nicht eine Vorwegnahme dessen ist, was später Historizismus genannt worden ist. Im übrigen existieren mehr oder weniger kurzfristig angelegte Muster von Entwicklungslinien, die man historisch verfolgt, ohne daß damit ein Geschichtsgesetz behauptet wird. Vielmehr geht es um überblickbare, empirisch nachprüfbare Vorgänge. Sehr trennscharf sind diese Definitionen allerdings nicht, aber es gibt keine besseren, und es ist nur zu fragen, wo Savignys und Eichendorffs Perspektiven auf die Geschichte einzuordnen sind.

1 Meinecke, *Die Entstehung des Historismus*, S. 2, dazu, mit weiteren Belegen, Lüderssen, *Die Durchsetzung des öffentlichen Strafanspruchs*, S. 236; ferner Anette Wittkau, *Historismus*, 2. Aufl., Göttingen 1994.

2 Mannheim, *Historismus*.

Was Savigny angeht, so gibt es eine Diskussion über sein Verhältnis zu Hegel, das ebenso schwer aufklärbar ist wie das Verhältnis von Goethe zu Hegel. Eine Identifizierung mit der Hegelschen Geschichtsphilosophie ist weder für Savigny noch für Goethe möglich.[1] Hier stoßen auch die Savigny-Interpretationen, die ihm eine sogar metaphysische Bindung auf der Basis seiner ausgedehnten philosophischen Studien und Beziehungen zu zeitgenössischen Philosophen bescheinigen möchten,[2] an ihre Grenzen. Plausibler dürfte der Argwohn gegenüber einer »Verkittung« der *Historischen Rechtsschule* »mit den Mysterien der Romantik« sein.[3] Wie nah dieser Evolutionismus dem zeitlich parallel sich entwickelnden naturwissenschaftlichen Evolutionismus war,[4] ist wiederum eine andere, nicht leicht beantwortbare Frage. Zwar hat erst Ende des neunzehnten Jahrhunderts Dilthey durch die Differenzierung von Verstehen und Erklären eine eigenständige Position der Geistesgeschichte präsentiert, aber es besteht durchaus Grund zu der Annahme, daß diese definitorische Zuspitzung ihren Grund auch in einer schon vorher angelegten selbständigen Konzeption der Geistesgeschichte hat, und das war eben die *Historische Schule*.

Savigny sah sich »auf Schritt und Tritt vor die Frage des Rechtsbedürfnisses gestellt«.[5] Was sich dann als Gewohn-

1 S. die Literatur bei Manigk, *Savigny und der Modernismus im Recht*, S. 71.

2 Rückert, *Idealismus, Jurisprudenz und Politik bei Friedrich Carl von Savigny*, S. 95, 114, 124, 189, 205, 213, 303, 315, 409.

3 Manigk, *Savigny und der Modernismus im Recht*, S. 28, unter Bezugnahme auf Ehrlich.

4 Auch hierzu Manigk, ebd.

5 Ebd., S. 79.

heitsrecht[1] darstellt, ist »der ›Volksgeist‹« als »ein zusammenfassendes Bild für eine ganze Fülle von Vorgängen« aus dem »Sammelbecken für vielartige Ströme«.[2] So haben es auch seinerzeit schon andere berühmte Romanisten gesehen: »Die Bildung des Gewohnheitsrechts ist stets und überall nichts anderes als eine Äußerung der Volksseele, und die Annahme dieser Volksseele die Grundlage des die ganze neueste politische Entwicklung beherrschenden demokratischen Zuges«,[3] wobei »auf die rechtserzeugenden Faktoren« hingewiesen wird, »die in den Börsen, Ringen, Verbänden der Arbeitgeber und -nehmer« liegen,[4] bis hin zu den »Millionen Rechtsfindungen der Laien im Alltagsverkehr«.[5] Hier ist wiederum die Modernisierung zum Greifen nah und auch ein Material präsentiert, das die Legende vom »romantischen Quietismus« der *Historischen Schule* Lügen straft.[6] Vielmehr spricht einiges für die Lesart einer »lebendig vermittelten Rechtsentstehungslehre, die Savigny nicht aus den Fäden der Romantik wirkte, sondern aus der unmittelbaren Beobachtung des Rechtslebens seiner Zeit gewann«.[7] Damit ist auch die Frage nach den Grundlagen der »materiellen *Geltung* des Rechts« berührt. Bezeichnenderweise richtet sich das Interesse der rechtssoziologisch inspirierten Rezeption Savignys

1 Auch »die Juristenüberzeugung gewinnt nach Savignys Lehre erst dann – entsprechend der Volksüberzeugung, von der jene nur als Ausschnitt gedacht ist – die bindende Qualität der *Geltung*, wenn sie sich in gewohnheitsmäßiger Übung bewährt und konsolidiert hat« (ebd., S. 137).

2 Ebd., S. 70.

3 Ernst Immanuel Bekker, *Vier Pandektisten*, zitiert nach Manigk, *Savigny und der Modernismus im Recht*, S. 71.

4 Bekker, ebd.

5 Manigk, *Savigny und der Modernismus im Recht*, S. 239.

6 Ebd., S. 75.

7 Ebd., S. 101.

auf die »psychischen Quellen des Rechtsgehorsams«,[1] und es wird eine Brücke geschlagen[2] zu den gleichzeitig sich entwickelnden Anerkennungstheorien. Eine äußere Ordnung müsse – das ist das genetische Moment der Geltung – auf ausdrückliche oder stillschweigende Anerkennung gegründet sein; dies hat auf der Grundlage verhältnismäßig radikaler Vorstellungen von Demokratie seinerzeit Karl Theodor Welcker (1790-1867) gefordert.[3] Dazu muß man wissen, daß unter dem Begriff der Anerkennung »mannigfaltige Grade und Weisen eines dem Gemeinschaftsbedürfnis entsprechenden innerlich gebundenen Verhaltens« verstanden wurden, »von begeisterter Bestätigung der Gemeinschaftsordnung und vollem, klaren Pflichtbewußtsein bis zum unbewußten oder doch nur gefühlsmäßigen Voraussetzen und widerwilligen Sich-Beugen«.[4]

Auch für Eichendorff kann man danach sagen, daß er nicht auf der Linie der Hegelschen Geschichtsphilosophie liegt. Der Rest aber ist ebenso problematisch und unsicher wie bei Goethe und Savigny. Wie auch immer die Lösung lautet, Evolution ist bei Savigny und Eichendorff auf so viel Anschauung gegründet, daß eine Verbindung hergestellt werden kann mit den auf Erfahrung und Anerkennung abstellenden Ansätzen der modernen Rechtssoziologie. Das zeigen Eichendorffs Gesetzgebungsanalysen.

1 So im Titel des Buches von Franz Klein, *Die psychischen Quellen des Rechtsgehorsams und der Rechtsgeltung* (1912).

2 Manigk, *Savigny und der Modernismus im Recht*, S. 118.

3 Belege bei Lüderssen, *Genesis und Geltung*, S. 21 ff.

4 Bierling, *Juristische Prinzipienlehre*, Bd. 5, S. 193 f.

In seinem Beitrag für die geplante ›Historisch-politische Zeitschrift‹ *Preußen und die Konstitutionen* (FA 5, S. 611 ff.) behandelt Eichendorff das »Edikt v. 9ten Oktober 1807, die Verhältnisse der Landbewohner betreffend« (FA 5, S. 620). Dieses Gesetz sollte die »Freisprechung des Bauernstandes« bringen. Das Problem bestand darin, daß alle von den Bauern bewirtschafteten Höfe im Eigentum des Gutsherrn standen, dieser aber der Beschränkung unterlag, »daß er die Höfe nicht zu eigener Benutzung einziehen durfte, daß er sie vielmehr mit Personen des Bauernstandes jedesmal wieder besetzen, sie in kontributionsfähigem Zustande erhalten, und die Steuern und andere öffentliche Leistungen davon vertreten mußte«. Das war das Ergebnis einer langen Entwicklung, aber Eichendorff sah darin keineswegs eine Art innerer Notwendigkeit, sondern ein »durch Jahrhunderte verknöchertes Verhältnis, das einerseits einen durchaus patriarchalischen Zustand voraussetzte, und andrerseits durch die mannigfach sich kreuzenden wechselseitigen Ansprüche jede Ausgleichung höchst verwickelt machte« (FA 5, S. 622). Längst hatte sich die allgemeine Ansicht entwickelt, »daß es eben so wohl den unerläßlichen Forderungen der Gerechtigkeit, als den Grundsätzen einer wohlgeordneten Staatswirtschaft gemäß sei, alles zu entfernen, was den Einzelnen behindert, *den* Wohlstand zu erlangen, den er nach dem Maß seiner Kräfte zu erreichen fähig ist« (FA 5, S. 620). Die Verschränkung von Innovation und Evolution, die man hier beobachten kann, deutet weder auf ein Geschichtsgesetz noch auf eine Praxis freier Erfindung, sondern fordert die Zeitgenossen, aber auch die späteren Betrachter der Szene auf, Entwicklungen zu *bewerten*. Von einer festen Position aus kann das – will man sich nicht in Spekulationen verlieren, wovon gerade Eichendorff weit entfernt war – nicht geschehen. Seine Aversion gegen das Naturrecht der Aufklärung ist bekannt. Wir sehen uns also mit ihm vor der paradoxen Aufgabe, mit unseren Bewertungen von Entwicklungen selbst ein Teil von Entwicklung zu sein, deren Bewertung nun ihrerseits anstünde und so fort – ein regressus infinitus. Hier kann man nur mit einer gewissen Bescheidenheit zurechtkommen.

Unter dieser Voraussetzung öffnen sich dem Blick viele ernstzunehmende Versuche, Entwicklungen zu fixieren. Man kann das gut studieren an dem Gang, den die Idee des Fortschritts in der Geschichtsschreibung genommen hat. In seinem für das *Historische Lexikon für politisch-soziale Sprache in Deutschland* verfaßten Überblick apostrophiert Reinhart Koselleck ein »empirisches Substrat« in Wissenschaft, Technik und Industrie[1] – unter Bezugnahme auf Ranke, der »zwar die geschichtsphilosophischen Folgerungen zusammengestrichen« habe, jedoch einen unbedingten Fortschritt annehme, »soweit wir die Geschichte verfolgen können im Bereich der materiellen Interessen [. . .] in allem, was sich sowohl auf die Erkenntnis als auf die Beherrschung der Natur bezieht«.[2] Sehr weit reicht das freilich nicht, wie die dem Aufschwung der Naturwissenschaften im neunzehnten Jahrhundert folgenden zweifelhaften sozialdarwinistischen Positionen[3] zeigen, obwohl sich derlei zäh behauptet und in Konnotationen

1 Koselleck, *Fortschritt*, S. 409.
2 Ebd., S. 410.
3 Ebd., S. 412.

zwischen Biologie und Recht (unter Einbeziehung eines systemtheoretischen Ansatzes) neue Blüten treibt.[1] Es bleibt letztlich dabei, daß Fortschritt ein geschichtlicher Perspektivbegriff ist,[2] der schnell zur »Ersatzreligion«[3] verkommt oder doch unter »ideologischen Besetzungszwang« gerät.[4] Auf der anderen Seite muß der »reine Historismus« mit dem Dilemma kämpfen, daß es die ganz und gar objektive neutrale Standpunktlosigkeit ebenso wenig gibt wie die Landkarte eins zu eins.

Eichendorff weicht diesen Gedankenspielen so geschickt aus, daß man vermuten möchte, er habe sie antizipiert. Denn er beschwört einfach Evidenzen. Sollte die angestrebte Verbesserung der Situation der Bauern »nicht ein ideales Luftgebild bleiben, so mußte ihr notwendig auch eine bleibende Bürgschaft durch Grundeigentum verschafft werden« (FA 5, S. 622). Aber wenn dementsprechend »die persönliche Unabhängigkeit des Landmanns [...] durch Grundeigentum garantiert worden« sei, nütze das gar nichts, wenn das Eigentum nicht auch zum »freien Gebrauch« stünde. Und nun kommt eine so großartige Schilderung dessen, was der preußische Gesetzgeber in Verfolgung dieser Ziele getan hat, daß man nicht recht weiß, ob man mehr den kundigen Juristen oder den essayistischen Schriftsteller bewundern soll. »[...] das *Edikt zur Beförderung der Landkultur vom 14. September 1811* [...] hebt daher im Allgemeinen alle bisherigen Beschränkungen des Grundeigentums auf, indem es festsetzt, daß jeder Grundbesitzer ohne Ausnahme befugt sein soll,

1 Koselleck, *Vergangene Zukunft*, S. 92.
2 Koselleck, *Fortschritt*, S. 412.
3 Ebd., S. 410.
4 Ebd., S. 415.

über seine Grundstücke insofern frei zu verfügen, als nicht Rechte eines Dritten dadurch verletzt werden, um auf diese Weise durch möglichste Vereinzelung der Güter auch ärmeren Leuten zur Erwerbung und Vermehrung von Eigentum Gelegenheit zu geben und somit eine neue Klasse tüchtiger Grundeigentümer zu schaffen. Zur Förderung solcher Vereinzelung wird die Umwandlung des erbpachtlichen Verhältnisses durch Ablösbarkeit des Kanons [. . .] begünstigt, so wie auch, bei vorkommenden Vereinzelungen, die verhältnismäßige Repartition der Grundsteuer auf die abzutrennenden Teile angeordnet, und alle bisherigen Einschränkungen der Benutzung von Privatwaldungen aufgehoben. Erbliche Überlassungen aber von Land an Arbeitsfamilien dürfen niemals unter Verpflichtung zu fortwährenden Diensten, sondern nur im Wege des Verkaufs oder mit Auflegung einer bestimmten Abgabe an Geld oder Körnern, geschehen, damit sich hierdurch nicht neue Abhängigkeitsverhältnisse bilden.« (FA 5, S. 624)

Ein weiteres Beispiel für diese, wie man vielleicht sagen könnte, normativ eingefärbte Rekonstruktion von Entwicklungen liefert Eichendorff mit Blick auf das *Edikt über die Einführung einer allgemeinen Gewerbesteuer v. 2ten November 1810* in Verbindung mit dem *Gesetz über die polizeilichen Verhältnisse der Gewerbe vom 7ten September 1811*: »Aber auch noch in anderer Richtung hin hatte die Verwandlung der Zeit sich kundgegeben. Als nämlich im Mittelalter, bei wachsender Kultur und Begehrlichkeit, die Gewerbe und der Handel nach und nach von ihrem gemeinsamen Mutterboden, dem Landbau, sich abgelöst und selbstständig gegliedert hatten, erschienen sie ursprünglich gleichsam als neue Erfindungen, welche die Unbeholfenheit der Masse patentierte.

Dazu das Verhältnis der jungen Städte zu dem alten, eifersüchtigen Adel, die Unsicherheit und Kostbarkeit des Verkehrs, die ganze Sinnesart der Zeit endlich; alles drängte zu geschlossenem Zusammenhalten, zu Schutz und Trutz, und so entstand jene bürgerliche Aristokratie von Korporationen, Zünften und Innungen, deren moralische Kraft, da sie wirklich noch lebten, kein Kundiger verleugnen wird. Nachdem aber der Staat den Schutz übernommen, nachdem die Entdekkung der neuen Welt, nicht nur plötzlich einen unendlichen Markt eröffnet, sondern ihn auch zugleich mit einer Masse edler Metalle überreich dotiert hatte, zog der allgemeine Umschwung der Güter, in steter Beschleunigung, immer weitere Kreise welche die engen städtischen verschlangen und die Spießbürger zu Weltbürgern machten. Jene Einrichtungen mußten daher, wie ausgewachsene Kleider, Farbe und Haltung verlieren, und allmählig nur noch als verknöcherte Monopole erscheinen, die mit ihren übertriebenen Scheidungen und Hemmungen jede lebendige Bewegung lähmten.« (FA 5, S. 625 f.) Dann folgt eine Darlegung der Voraussetzungen und Modalitäten der Erteilung eines Gewerbescheins, die man nicht anders denn als ein Meisterstück narrativer Kommentierung bezeichnen kann.

Ein drittes Beispiel bezieht sich auf das *Zollgesetz vom 26ten Mai 1818*, auch hier besticht das Mixtum compositum aus Analyse und Bewertung.

Dann folgt eine Art Gesamtbilanz: »Durch alle diese, man möchte sagen, bloß negativen Anordnungen, durch die Befreiung der Persönlichkeit, des Grundbesitzes, und des Gewerbes von den verrotteten Fesseln, die nur noch drücken ohne mehr zu halten, war indes nur erst der Schutt der alten Zeit zur Seite geschafft, gleichsam nur der Boden der neuen gesetzmäßigen Freiheit gewonnen. Wär es redlicher Ernst mit allem dem, so mußte nun auch ein inneres, tüchtiges Leben geweckt werden, das den errungenen Boden zu behaupten und in der Ungebundenheit sich selbst zu beschränken im Stande wäre, indem es einer höheren Einheit im Staate, der alleinigen Garantie aller Freiheit, sich unterwirft. Eine *wahrhafte* Unterordnung aber ist immer nur Sache des selbständigen freien Entschlusses, der wieder nur aus der allgemeinen Gesinnung hervorgehen kann. Jenes höhere Staatsleben kann daher, wie alles Innerliche, nicht so obenher durch Machtsprüche anbefohlen, der Volksgeist nicht durch philosophische Zauberformeln der Aufklärung besprochen werden? [...] Wie im Drama vielmehr – das ja sein Gesetz auch nur in der allgemeinen menschlichen Natur hat – nicht die Charaktere von der Begebenheit, sondern die Begebenheiten von den Charakteren gemacht werden, so wird auch in der größeren Staats-Aktion nur die fortschreitende Entwickelung der nationalen Eigentümlichkeit, und nicht von oben herab die Regel von den drei Einheiten, Regel, Handlung und Leben, gestalten. [...] Und so wird auch die hohe Volksschule einer tiefergehenden Gesetzgebung jene treibende Kraft, das was wahr, edel und stark in dem verworrenen Ungestüm, unerschrocken, als erfrischendes Element, an das Ganze knüpfen, und das Volk, nachdem es aus allen früheren kleinen Genossenschaften herausgetrieben, *von unten herauf zu der höheren Geselligkeit eines lebendigen Gemeingeistes zu erziehen streben.*« (FA 5, S. 629 f.)

Die Theorie der Beschreibung solcher, wie Eichendorff selbst sagt, »Entwicklungsversuche« (FA 5, S. 629) liefert er ebensowenig, wie nachfolgende Generationen von Schriftstellern und Gelehrten das können. Hier spürt man, daß jede historistische Erklärung, die nicht von der Annahme einer zwingenden Teleologik begleitet ist, selbstreferentiell sein muß, und mit diesem Instinkt findet Eichendorff dann Formulierungen wie die: »Die Schule des Lebens ist nur das Leben selbst; jene erziehende Gesetzgebung kann daher nicht durch Lehre, sondern muß durch lebendige Institutionen wirken.« (FA 5, S. 630) Später spricht er von dem »Gemeinplatze: daß alles Zeitgemäße sich selbst verbürge« (FA 5, S. 645), ist damit aber auch nicht ganz zufrieden, sondern überlegt, ob es nicht wenigstens eine Präzisierung dieser Selbstreferentialität geben könnte. Er findet sie, was kaum noch überrascht, in der Wahrnehmung – oder ist es eine Vision? –, »daß Vernunft und Freiheit, wenn sie zur lebendigen Erscheinung kommen sollen, sich erst individuell gestalten müssen« (FA 5, S. 638). Diese Formulierung scheint ihm so gut zu gefallen, daß er sie auch in zwei weiteren Fassungen seines Artikels zur Frage einer preußischen Verfassung anbietet (vgl. FA 5, S. 607 und S. 664). Damit sind Einigungsprozesse anvisiert, die am deutlichsten dort in Erscheinung treten, wo es um die Garantie einer Verfassung geht. »Keine Verfassung« nämlich »garantiert sich selbst«. Vielmehr ist es »die öffentliche *Gesinnung*, welche das Ganze hält oder bricht, das moralische Volksgefühl [. . .], welches sich aber wiederum nur da erzeugen kann, wo die Verfassung auf [. . .] organische Weise wirklich ins Leben getreten ist« (FA 5, S. 644).

Das heißt: Die Relevanz von Einigungsprozessen ist ihrerseits das Ergebnis von für relevant gehaltenen historischen Entwicklungen, und man muß wohl noch einen Schritt weitergehen und feststellen, daß die »prinzipielle Zugehörigkeit des Subjekts der Geschichtserkenntnis zu seinem Gegenstandsbereich« das Medium bestimmt, in dem die »Probleme des Historismus diskutiert werden«.[1] Damit ist für den Eichendorffschen Historismus die Anknüpfung an die soziale Funktion der Ich-Erfahrung zwingend. Durch konkrete Beispiele wird belegt, wie ein auf Ich-Erfahrung gestütztes Gefühl im Zuge sozialer Entwicklungen zum Rechtsgefühl werden kann, das die Empirie seiner Zeit aufnimmt, aber nicht sklavisch abbildet. Das Ergebnis sind Anerkennungsverhältnisse, die historisch gewachsen und soziologisch abgesichert sind.

Es ist so viel die Rede vom Konservativismus Eichendorffs, und dem entspricht auf weite Strecken – über Generationen hinweg – die Zusammensetzung seiner Anhänger.[2] Aber außer einer gewissen Verträumtheit und schwärmenden Liebe für Vergangenes ist da eigentlich nichts; geht es um Institutionen oder gesellschaftliche Gruppen, so melden sich, in dem Maße, wie seine Anschauung wächst, bei Eichendorff eher die sozialen Empfindungen, und die Verachtung des ideellen Despotismus im Zuge revolutionärer Veränderung hält ihn nicht davon ab, entgegen manchem Anschein[3] Gleichheit und Freiheit als Triebstätte zu favorisierender Entwicklungen aufzuspüren: Gerade diejenige Macht, die sich gegen solche Entwicklungen eher wehrte, die Macht der katholischen Kirche, der Eichendorff zeitlebens gläubig angehörte und die in den Augen vielleicht nicht so sehr der Zeitgenossen, wohl aber

1 Schnädelbach, *Geschichtsphilosophie nach Hegel*, S. 163 f.

2 Vgl. etwa bei Hollender, *Die politische und ideologische Vereinnahmung Joseph von Eichendorffs*, S. 58, 63 ff., 295 ff.

3 »Wenn auf den unwirtbaren Eisgipfeln der Theorie die Lawine fertig und gehörig unterwaschen ist, so reicht der Flug eines Vogels, der Schall eines Wortes hin, um, Felsen und Wälder entwurzelnd, das Land zu verschütten; und dieses Wort hieß: Freiheit und Gleichheit.« (*Der Adel und die Revolution*, FA 5, S. 407)

späterer Generationen seinen angeblichen Konservativismus bestätigte, ist für ihn, »nach ihren Grundlagen, überall vermittelnd, versöhnend und vereinigend«, und: »nur unter Freien ist eine Vereinigung denkbar« (FA 5, S. 460). Das lesen wir in jener Untersuchung, die sich mit den *Folgen von der Aufhebung der Landeshoheit der Bischöfe und der Klöster in Deutschland* beschäftigt. Wieder sind es modernisierende Rechtsakte, die Eichendorff Veranlassung geben, über Entwicklungstendenzen zu räsonieren. Er hält »die Säkularisation der Staaten und Güter der Geistlichkeit [. . .] für ein Unglück« (FA 5, S. 477) und betont die durch ihre wirkliche Konkurrenz mit der weltlichen Macht freiheitsstiftende Funktion der Kirche.

Daß man das Katholische auch so sehen kann, fällt dem Protestanten nicht leicht, aber ganz moderne Autoren geben einen Begriff von der Vielfalt der Freiheit, die in einem katholischen Leben verborgen sein kann, man denke etwa an die Rolle der Religion in der ganz auf Luxus und Aristokratie gestellten Gesellschaft in dem Roman *Brideshead revisited*. Sein Verfasser, Evelyn Waugh, steht für das, was Eichendorff »katholisierende Ästhetik« genannt hat, unter ausdrücklichem Bezug auf »Schillers Grundsatz von der ästhetischen Erziehung des Menschengeschlechts«.[1] Mortimers Verhöhnung von »der Puritaner dumpfen Predigtstuben« in Schillers *Maria Stuart* (I,6) ist ein anderes Beispiel, freilich konterkariert, das muß man zugeben, durch Wallensteins dem protestantischen Oberst Wrangel gegenüber ausgesprochene Erinnerung an den Sohn, der nicht vergessen kann, daß der »Vater mit Hunden in die Messe ward gehetzt«. Eindeutig ist das alles

1 Vgl. *Halle und Heidelberg*, FA 5, S. 446.

nicht, aber eben doch sehr offen, wie der Bericht eines Reisenden demonstriert, der im Dom von Orvieto unter den Kuppeln mit Signorellis Fresken eine Hochzeitsfeier erlebt und sieht, wie der malerisch gekleidete Priester dem Bräutigam den Arm um die Schulter legt und dann die ganze Hochzeitsgesellschaft mit fröhlichem Schwung in das Hauptschiff lenkt und danach zur Verwunderung der Familie verkündet, er wolle nun auch katholisch werden, um diesen Plan allerdings eine halbe Stunde später wieder aufzugeben. Diese Geschichte ist lustig, aber sie könnte von Eichendorff sein, wenn er nicht schon katholisch gewesen wäre.

Fast pragmatisch, möchte man sagen, operiert Eichendorff hier mit dem Katholischen,[1] und man könnte sich eigentlich mit einer beruhigenden Geste von dem Verdacht verabschieden, daß sein Verhältnis zur Kirche ihn doch in einem gewissen Sinne unfrei gemacht habe, wenn man nicht auf einige Formulierungen stieße, die dieser nüchternen Bilanz wider-

1 Es ist ganz wichtig, das festzuhalten, denn die Materie ist explosiv und streift das Kuriose, wenn es um Personen geht. Das demonstrieren die Meinungsverschiedenheiten über Karl Ernst Jarcke (1801-1852), Professor des Staatsrechts. Als junger Mann war er Burschenschaftler. Später trat er zum Katholizismus über und übernahm in Wien eine Stellung bei Metternich. Eichendorff lernt ihn Ende der dreißiger Jahre kennen und umgibt ihn mit liebevoller Begeisterung (vgl. Reinhard, *Joseph von Eichendorff und Karl Ernst Jarcke*). Heinrich Heine (1797-1859) hingegen kommt er als »einer der wehmütigsten Insektennamen unserer juristischen Literatur ins Gedächtnis« (Heine, *Die Bäder von Lucca*, S. 407). Und trotzdem überrascht es nicht, daß sich Eichendorff und Heine vollständig einig sind in der jeweils geistvollen, ja witzigen Berichterstattung über Kant (vgl. für Eichendorff hier das nächste Kapitel und: *Geschichte der poetischen Literatur Deutschlands*, FA 6, S. 810 ff., für Heine: *Zur Geschichte der Religion und Philosophie in Deutschland*, S. 594 ff.). Was sie auch glauben oder nicht glauben mögen, dem »Alleszermalmer« Kant mißtrauen sie – bei allem Respekt – gleichermaßen.

sprechen. Denn immerhin lesen wir von »jener ernsten, hingebenden Anerkennung einer höheren leitenden Weltkraft [...], der allein das Heiligtum der Geschichte sich aufschließt« (FA 5, S. 456), und diese Formulierung fällt nicht aus dem Rahmen; an anderen Stellen gibt es vergleichbare Äußerungen.

Der gemäßigte Historismus

Deshalb muß man sich vielleicht doch noch einmal anhand anderen Materials den epistemologischen Standort Eichendorffs vergegenwärtigen. Eine verläßliche Quelle sind die Texte, die in der Frankfurter Ausgabe als »autobiographische Dichtungen« firmieren, und hier ist es insbesondere das Fragment *Halle und Heidelberg*, das Aufschluß gibt.

In jenen Jahren las man Kant so, wie man heute Habermas und Luhmann liest. Der Jurastudent Eichendorff war bestens informiert, und er spricht mit geradezu divinatorischer Ahnungskraft: »Kant hatte soeben die philosophische Arbeit seiner Vorgänger streng geordnet, und da er dieselbe in seiner großartigen Wahrheitsliebe für das Ganze als unzureichend erkannte, die Welt lieber sogleich in zwei Provinzen geteilt: in die durch menschliche Erfahrung wahrnehmbare, die er sich glorreich erobert, und in die terra incognita des Unsichtbaren, die er mit der nur dem Genie eigenen heiligen Scheu auf sich beruhen ließ. Seine Schüler aber wollten klüger sein als der Meister und *Alles* aufklären.« (FA 5, S. 416) Man kennt das Weitere: den alles wieder einbeziehenden, den Gegensatz von Subjekt und Objekt aufhebenden dialektischen Idealismus Hegels, mit dem sich ein geschichtsphilosophischer Anspruch auf das Ganze verband einerseits, und den Psychologismus[1] beziehungsweise die neukantianische Logik des Ursprungs auf der anderen Seite. Eichendorff hingegen durchschaute die List Kants, das *Ding an sich* bestehen zu lassen, und valutierte sie gewissermaßen mit dem Hinweis auf

1 Dazu Lüderssen, *Genesis und Geltung*, S. 54 ff.

»das Geheimnisvolle und Unerforschliche, das sich durch das ganze menschliche Dasein hindurchzieht«, und daß »das deutsche Leben und das deutsche Reich, das grade auf diesen unsichtbaren Fundamenten vorzugsweise geruht« habe, »sich nun nach allen Seiten hin bedenklich senkte und zuletzt so lebensgefährliche Risse bekam, daß es von Polizei wegen abgetragen werden mußte« (FA 5, S. 417). Der Versuch, Kant – nicht Hegel und auch nicht die Neukantianer – mit der Romantik zu verbinden, hätte keineswegs aussichtslos sein müssen, wenn nicht dem gegenüber, so drückt es Eichendorff aus, »die breite schwere Masse der Kantschen Orthodoxen und der Stockjuristen« gelegen hätte, »sämtlich von dem wohlfeilen Kunststück vornehmen Ignorierens fleißig Gebrauch machend« (FA 5, S. 426). Von diesem Vorwurf nimmt er nur »die Lehrer des römischen Rechts« aus, »weil der Gegenstand sie zwang, sich in das Positive einer großartigen Vergangenheit zu vertiefen«. Und nun kommt das Überraschende. Er nennt Thibaut und Savigny in einem Atem (FA 5, S. 418 f.), obwohl sie uns doch als Antipoden überliefert sind: Thibaut für Gesetzgebung, Savigny dagegen.[1] Die Wissenschaft freilich hat sich inzwischen von dieser holzschnittartigen Typisierung entfernt,[2] aber Eichendorff ist es eben doch schon gewesen, der die Gesetzgebung von vornherein als Element des organischen Entwicklungsprozesses, den »die *Historische Schule*«[3] reflektiert, einbezieht. Bei Thibaut hat er Vorlesungen gehört, und deshalb steht er auch unter dem Eindruck seiner äußeren Erscheinung »mit den lang herabwal-

1 Vgl. dazu Stern, *Thibaut und Savigny.*

2 Vgl. hierzu den knappen, aber sehr instruktiven Überblick bei Siegert, *Politische Schriften Eichendorffs*, S. 223.

3 Ebd., S. 418.

lenden, damals noch dunklen Locken, was ihm ein gewisses apostolisches Ansehen gab, noch mehr den eingeborenen Widerwillen gegen alles Kleinliche und Gemeine«,[1] während Savigny nur, aber immerhin der »mild-ernste« war.[2]

Die eindeutige Abwendung von den rigoristischen Konsequenzen der Kant-Nachfolger und die uneingeschränkte Gutheißung der romantisch-historischen Rechtsschule, wie sie Thibaut und Savigny zusammen verkörpern, verbunden mit einer ständigen Veranschaulichung konkreter rechtshistorischer Vorgänge, lenken Eichendorff dann wohl doch endgültig in das Lager eines gemäßigten Historismus.

Sein Beitrag zur *Historischen Rechtsschule* kann überdies durchaus im Rahmen jener Perspektive auf die deutsche Rechtsgeschichte verbucht werden, wonach diese Schule »in der ersten Hälfte des neunzehnten Jahrhunderts [...] zur dominierenden Richtung in der deutschen Rechtswissenschaft« wird.[3] Allerdings gilt das nicht gleichmäßig für alle Rechtsgebiete. Das Strafrecht blieb doch eher an die großen philosophischen Kontroversen gebunden, bewegte sich also zu dieser Zeit zwischen Kant und Hegel,[4] das Öffentliche Recht war vor allem an der Verfassungsentwicklung orientiert, also überwiegend an der politischen Durchsetzung von Konstitutionen.[5] Und im Privatrecht, dessen Tradition ja gespalten ist in eine deutschrechtlich-germanische und in eine durch die –

1 Ebd., S. 434 f.

2 Ebd., S. 419.

3 Schröder, *Recht als Wissenschaft*, S. 191.

4 Ganz vorüber ging die Historische Rechtsschule am Strafrecht indessen nicht, vgl. dazu Lüderssen, *Einleitung zu: Theorie der Erfahrung in der Rechtswissenschaft des 19. Jahrhunderts*, S. 20 ff.

5 Über den Anteil der Historischen Rechtsschule vgl. Stolleis, *Die Historische Rechtsschule und das öffentliche Recht.*

in der frühen Neuzeit sich durchsetzende – Rezeption des Römischen Rechts bestimmte Richtung, lag es so, daß die Savigny nachfolgenden Romanisten zu einer begriffsjuristischen Stabilisierung des als »Gemeines Recht« tradierten Römischen Rechts neigten, während die Privatrechtler, die besonders an den germanischen Entwicklungslinien und Überlieferungen interessiert waren, den Gedanken der permanenten organischen Rechtsentwicklung, so wie er durch die *Historische Rechtsschule* populär gemacht wurde, aufgriffen und weiterführten.[1]

Das Material, das Eichendorff zu Reflexionen über Probleme des Rechts veranlaßt hat, entstammt eher dem Öffentlichen Recht. Dort könnte man also überlegen, ob man – mit Eichendorff – der Tradition der *Historischen Rechtsschule* einen größeren Anteil einräumen möchte. In dem Maße, wie Eichendorff gewissermaßen allgemein wird, gilt diese Anregung vielleicht auch für den Teil der Romanistik in der Rechtsgeschichte, die sich, wie ja durchaus auch kritisch vermerkt wird, am Ende zu sehr auf die Begriffsjurisprudenz kapriziert hat. Schließlich könnten auch die Strafrechtler nachdenklich werden über die Dominanz des deutschen Idealismus in seiner Tradition des neunzehnten Jahrhunderts, mit Vorsicht allerdings, denn der Blick auf das Strafrecht war Eichendorff wohl vollkommen fremd; vielmehr scheint er die Unbefangenheit vieler berühmter Zeitgenossen gegenüber den Greueln, die sich während »seiner« Epoche ereigneten, geteilt zu haben.[2]

1 Allgemeine Orientierung darüber immer noch sehr gut bei Wieacker, *Geschichte des Privatrechts in der Neuzeit*, S. 348 ff.

2 S. dazu schon oben S. 21. Allerdings teilt Wohlhaupter, Bd. 2, S. 134, mit, daß aus »seinen letzten Lebensjahren« berichtet werde, Eichendorff sei »sogenannten Baugefangenen in Sträflingskleidung und mit an die Füße geketteten Eisenkugeln« begegnet und habe das dann »barbarisch« gefun-

Ganz sicher aber gilt, daß Eichendorffs geschichtliche Welt in besonderem Maße offen war für Beobachtungen, die der sich Anfang des vergangenen Jahrhunderts etablierenden Rechtssoziologie bereits viel Stoff boten, mit der höchst fruchtbaren Folge einer weit ausdifferenzierten Empirisierung des Subjekts. Damit war ein weites Feld neuer Sozialforschungen erschlossen, etwa über Werthaltungen und Rechtsgefühl, die Aspekte der Rechtssprache, die Probleme psychologischer und psychoanalytischer Vermittlung und vor allem die Bedürfnisse des Menschen.[1]

Das ist die eine Seite des Beitrags Eichendorffs zur Moderne.

den: »Was die Leute auch begangen haben mögen, so dürfte man sie nicht auf die Straße schicken.« Wohlhaupter fügt gutmütig hinzu: »Selbst im Sträfling sah er noch das, wenngleich getrübte Bild, des Menschentums.« Aber hätte Eichendorff nicht sein ganzes Leben Gelegenheit gehabt, solche Wahrnehmungen zu kommentieren? So bleibt nicht mehr als ein merkwürdiger Zufall, den er, wie man wohl nicht anders sagen kann, mit einer über den Affekt des Augenblicks nicht hinausgehenden Verlegenheitsauskunft quittiert.

1 Dazu mit Belegen Lüderssen, *Genesis und Geltung*, S. 67 f.

Die andere Seite greift noch weiter vor, führt mitten hinein in die Diskussion des werdenden Europa. Der Einfluß von Görres, dem »eine große europäische Republik« vorschwebte,[1] hielt an und vermischte sich womöglich mit Ideen der »Stiftung einer europäischen Republik«, die schon Novalis und Friedrich Schlegel beschäftigt hatten. Von hier reicht ein großer Bogen zu den Spekulationen darüber, welche Rolle die römisch-rechtliche Tradition in Mitteleuropa für den gegenwärtigen politischen Zustand und seine allmähliche Stabilisierung spielen könnte.[2] Es ist freilich immer wieder davon die Rede, daß den Romantikern bei ihren europäischen Visionen eine deutsche Führungsrolle vorgeschwebt habe.[3] Das paßt schlecht zu den schonungslosen Mitteilungen des Protagonisten Görres über die Deutschen, die er beschreibt als »schwerfällig und ungelenk, als ob sie auf Vieren giengen, in allen Anlagen und Richtungen das Gegenteil [. . .], in allem Thun und Sinnen in sich gekehrt; unverständig bey starker Vernunft, lebendige Phantasie bey stammelndem Organ, tiefe Empfindung ohne Takt, große Willensstärke, ohne äußeres Geschick, ihn auszulassen; lebend in der Zukunft oder der Vergangenheit, darum nie in der Gegenwart heimisch; strebend in allen Dingen nach dem Höchsten und dem Tiefsten, darum immer verlierend das Erreichbare, das in der Mitte

1 Vgl. Lützeler, *Von europäischer Republik*.

2 Vgl. schon Koschaker, *Europa und das Römische Recht*, Coing, *Die ursprüngliche Einheit der europäischen Rechtswissenschaft*, Zimmermann, *Roman Law, Contemporary Law, European Law*, und ders., *Römisches Recht und europäische Kultur*.

3 Lützeler, *Von europäischer Republik*, S. 95.

liegt, und nicht vollführend bis zum Ende«.[1] Eichendorff hat von seinen Landsleuten freundlicher gedacht und ihnen im *Taugenichts* ein Bild ihrer selbst vorgeführt, nach dem die Sarkasmen Görres' als eine Verzerrung erscheinen, ähnlich wie die der Menschen in den himmelwärts getragenen Spiegeln der kleinen Teufel in Andersens Märchen *Die Schneekönigin*. Das ändert freilich nichts daran, daß die scharfsichtigen Wahrnehmungen Görres' eine durchaus reale Basis haben. Der Rest ist Interpretation, wohlmeinend oder skeptisch oder feindlich, je nachdem. Wer die deutschen Politiker unserer Tage dabei beobachtet, wie sie sich in Europa bewegen, kann eigentlich kaum noch etwas von dem sehen, was seit dem neunzehnten Jahrhundert bis tief in das zwanzigste Jahrhundert die Deutschen in ihrem Selbstbild und dessen geschichtlichen Wandlungen zerrissen hat. Mit Ruhe kann man also selbst Sätze lesen, die noch vor einigen Jahrzehnten fast Berührungsängste ausgelöst hätten, etwa wenn es heißt: »Deutsche Gemütstiefe und Kosmopolitismus fallen in Eichendorffs Nationalbewußtsein zusammen.«[2] Er ist eben überhaupt nicht auf einen Nenner zu bringen,[3] und das sollte vielleicht so bleiben.

1 Görres, *Europa und die Revolution*, S. 207.

2 Osinski, *Eichendorffs Kulturkritiken*, S. 95.

3 Deshalb gibt es wohl kaum einen anderen Schriftsteller, dessen sich praktisch jede politische oder künstlerische Richtung rezeptiv bedient hat. Vgl. dazu die Arbeiten von Hollender, *Die politische und ideologische Vereinnahmung Joseph von Eichendorffs*, und Klausnitzer, *Blaue Blume unterm Hakenkreuz*.

Joseph von Eichendorff
Daguerreotypie aus dem letzten Lebensjahr (1857)
Aus: Aurora. Jahrbuch der Eichendorff-Gesellschaft
Band 34, Würzburg 1974

Anhang

Joseph von Eichendorff
⟨Politischer Brief⟩[1]

Aus den Hymnen, ehrlicher Freund, die du in deinem Briefe über Garantien und Konstitutionen anstimmst, merke ich wohl, daß du noch immer der alte bist. Schon als Student triebst du den sogenannten Komment mit einer Art von priesterlich-pedantischer Feierlichkeit und betrachtetest, nicht ohne Andacht, Schnurrbärte und lange ungekämmte Haare als Hieroglyphen der Tapferkeit und deutscher Mannheit. Erinnerst du dich noch, wie wir einmal in Heidelberg an einem schwülen Sommerabend einsam über die Berge wanderten? Wir hatten uns über Menschheitsrechte und Vaterland warm gesprochen; unter uns rauschte der Nekar, über uns die Wälder, von ferne funkelte ein Gewitter herauf. Da stand plötzlich auf einem Felsen vor uns ein fremder schöner Mann, beide Arme auf der Brust übereinandergeschlagen, seinen Hut keck in die Augen gedrückt, den einen Fuß trotzig vorgeschoben. In die Gewitternacht hinaus schien er, ohne uns zu

1 Als 1831 unter Beteiligung des preußischen Außenministeriums eine »historisch-politische Zeitschrift« gegründet wurde, war kurzzeitig auch Eichendorff als Mitarbeiter im Gespräch. Es sind vier alternative Fassungen eines Beitrags für die Eröffnungsnummer überliefert, in denen sich Eichendorff gegen eine preußische Verfassung ausspricht. Da es jedoch ein erklärtes Ziel der Zeitschrift war, den Boden *für* eine Konstitution zu bereiten, kam es weder zu Eichendorffs Mitarbeit noch zu einer Veröffentlichung der Texte zu Lebzeiten ihres Autors. – Von den vier Aufsätzen wird hier die künstlerischste Fassung ausgewählt, die sich ins Gewand eines Briefes kleidet und die den Dichter und Satiriker Eichendorff am deutlichsten erkennen läßt.
Der Abdruck erfolgt nach FA 5, hg. von Hartwig Schultz, Frankfurt am Main 1993, S. 648-663.

bemerken, mit sich selbst zu sprechen; wir vernahmen nur abgebrochen: »Hier will ich's aufbaun! – Kraft – Freiheit – Millionen – beglücken –.« Das traf dich wie eine Zauberformel. Vergebens hielt ich dich am Rockschoß, du stürztest tiefbewegt dem Fremden an die Bruder-Brust. Aber der Mann stieß dich ziemlich unsanft zurück, denn du hattest ihn im Eifer nicht nur empfindlich auf sein Hühnerauge getreten, sondern er war überhaupt gar nicht begeistert gewesen. Er wollte – wie sich bald ergab – allerdings hier bauen, aber eine Fabrik nach englisch-französischen Grundsätzen, er meinte nur die Wasser-Kraft und die ausschließliche landesherrliche Freiheit für sich, und hatte so eben berechnet, wieviel Prozente von den darauf zu wendenden Millionen ihn beglücken könnten.

Die Moral dieses kleinen Abenteuers, in Beziehung auf die großen Abenteuer, magst du dir immerhin selbst abstrahieren.

Im Grunde ist es auch nicht grade dein ausnehmender Enthusiasmus, der mich in Verwunderung setzt. Sind doch jetzt die Völker überhaupt – verzeihe mir den Ausdruck – so ziemlich in ihre politischen Flegeljahre gekommen, voll Jünglingsdrang und Überschwenglichkeit, bald täppisch zufahrend zur Unzeit, bald maulend ohne Grund, immer bereit, gleich den Schauspielern im Hamlet – um Hekuba – vor Begeisterung aus der eigenen Haut zu fahren, als sollte ihnen ein fremder Balg dann besser zu Leibe passen! Es mag vielleicht – Gott weiß es allein – solche unbequeme Durchgangsperiode, ein solcher säuerlich herber Gärungsprozeß notwendig sein; auch will ich keineswegs jene entgegengesetzte, zahme, geschlechtslose, altgeborene Brut verfechten, die niemals gärt, sondern ewig ein dickes, farbloses unschmackhaftes Gemisch bleibt. Nur sollen jene Gärenden nicht sogleich sich selbst der Welt als fertigen klaren Wein kredenzen, sie sollen uns ihre verwitterte Schulweisheit nicht als Himmelsleiter aufdrängen wollen. Wer Flügel hat, braucht keine Leiter, und wer keine hat, mag das Himmelstürmen überhaupt bleiben lassen.

Aber um wieder auf meine Verwunderung zurückzukommen: es ist, wie gesagt, eine andere Betrachtung, die mich fast an dir irre machen möchte. Ich weiß, du warst sonst immer ein geschworener Gegner jener weltbekannten, flachen, sogenannten Aufklärung. Wie denn nun? – Erkennst du denn wirklich die Alte nicht wieder, weil sie die Schminke gemachter Begeisterung aufgelegt, ein falsches, blendendes Gebiß eingesetzt und sich ein zierliches Freiheitskäppchen über ihre Glatze gestülpt hat? Du kennst ohne Zweifel die alte Volkssage von dem bösen, zänkischen Weibe, das, nachdem der Mann es endlich in's Wasser geworfen, ihm noch im Ertrinken mit der einen Hand über der Flut ein Schnippchen schlug.

So auch mit dieser, von vielen wackeren Schrifthelden scheinbar totgeschlagenen Aufklärung. Nachdem sie aus den Studierstuben der Gelehrten die Welt mit aufdringlicher Nützlichkeit auf das äußerste gelangweilt und sich dort in ihrer Art wissenschaftlich begründet hat, ist die Unvergängliche, die weder leben noch sterben kann, nunmehr erst praktisch geworden und hat behaglich und breit auf dem Throne der Welt Platz genommen, um das Leben mit seinen Wundern und Tiefen, seinem Glauben und Aberglauben, die sie alle längst an den Kinderschuhen abgelaufen, in systematische Paragraphen zu bringen, als wäre so ein § ein Ding an sich, ohne jene ewigen Grundlagen.

Mir kommt die ganze Wirtschaft dieser Verständigen immer vor, als brächen sie mitten in der Vorstellung eines Shakspearschen Stückes mit großen Rumor oben das Dach der Bühne ab, daß das Tageslicht plötzlich zwischen die Kulissen einfiel. Die verblüffte Menge bemerkt nun mit Erstaunen nichts als eitel Leinwand, es will ihr nach und nach gemuten, als seien manche Prachtgewänder da oben schon ein wenig abgetragen, ja die Kecksten meinen am Ende, es hänge unter solchen Umständen doch nur von ihnen ab, sich da mit hineinzumischen und auch ein Stück Historie aus dem Stegreif zu improvisieren – und das arme, ausgenüchterte Volk lacht, mehr oder minder roh, über seinen bisherigen Aberglauben, der noch vor Kurzem alle Seelen entzückt, gereinigt und erschüttert hatte. – Wo, frag' ich dich, liegt nun die Täuschung: in jener begeisterten Anschauung, die der bretternen, wie der Weltbühne, erst Bedeutung gibt, oder in dieser prosaischen, schalen Wahrhaftigkeit?

Das alles merkt auch das Volk instinktartig, nach kurzem Lachen, sehr gut. Überrascht, planlos, blöde, zaudernd und ungeschickt verteidigt fast überall die zähe Masse Schritt vor Schritt die Erbschaft mächtiger Gewohnheit und den angestammten Boden historischer Heimat, den ihnen, ehe sie sich dessen versehen, die gewandten Gegner unter den Füßen hinwegdisputieren. Denn der Kampf wird mit ungleichen Waffen geführt. Während die, vom Rost der Zeit angefressene Pietät der Altgläubigen eher die Luft als jene Eroberer verwundet, schießen diese hageldicht mit scharfgeschliffenen Zweifeln. Der Zweifel aber ist ein Talisman, der, wo er auch nicht trifft, jeglichen Zauber löst.

So sahen wir denn das lang unterwaschene Prachtgerüst der deutschen Reichsverfassung nach und nach zusammenstürzen, und in der ungeheuren Staubwolke zwischen dem zerworfenen Gestein wandeln nun Bauverständige und Projektenmacher vergnügt mit dem Richtmaß umher und kalkulieren über Anschlägen, aus dem Material, nach ihrer Elle, eine neue Welt aufzubauen, über den Trümmern aber sitzt das Volk verdutzt und unbehaglich und weiß nicht was es will, weil es weder für die Vergangenheit, die ihm genommen, noch für die Zukunft, die noch nicht fertig, ein Herz hat.

Ruft man nun aber jene geschäftigen Architekten an: was *sie* denn eigentlich wollen?, so schallt es: Konstitution! zurück, und nochmals Konstitution und abermals Konstitution! – Und was ist denn diese Konstitution? – Da plappern alle schnell und aufeinmal, wie Schulknaben ihr gutgelerntes Pensum: Garantie der National-Interessen durch Repräsentanten in zwei Kammern!

Gut denn! Das erinnert aber ziemlich plump an die Englische Verfassung, diese an die Englische Geschichte und die letztere wieder an Elemente und Katastrophen dieser Geschichte, die uns, wie ich zu meinen mich unterfange, völlig fremd sind. Du wirst dich nämlich ohne Zweifel noch aus Prima entsinnen, daß in England über den unterjochten Angelsachsen die Normannen, wie ein Volksheer von Siegern, sich lagerten, daß ihre Fürsten, namentlich unter *Johann*, das monarchische Prinzip zum entschiedenen Despotismus ausbildeten, der, in natürlicher Reaktion, zunächst *das aristokratische Element* in's Leben rief, indem der Bund der Barone dem Tyrannen die Magna Charta abtrotzte, daß indes auch dieses Element seinerseits wiederum schnell zur Oligarchie erwuchs und daher zuerst *Eduard*, zum notgedrungenen Gegengewicht jener Anmaßungen, den niederen Adel, sowie Deputierte der Städte in das Parlament berief, und somit denn auch das dritte *demokratische Element* gesetzlich konstituierte. Nun wollte aber auch dieses allein herrschen, und tauchte in einer der furchtbarsten Revolutionen Alles in Blut, aus dem sich erst durch die *Deklaration der Rechte* jene drei Elemente geläuterter und geordneter wieder emporhoben.

Wir haben nun alle sicherlich keine Lust, diese Tragödie nachzuspielen, zumal da wir sogleich für den ersten Akt uns vergeblich nach einem fürchterlichen Tyrannen umsehen. Was ist also hierbei zu tun? Sollen wir, in kühner Fiktion, erst eine Konstitution setzen, um Kammern zu haben, oder umgekehrt erst Kammern erfinden, um eine Konstitution zu bekommen? Das letzte wäre wenigstens das natürlichere. Aber die *erste Kammer* soll, ihrer Idee nach, doch ohne Zweifel das Stabile repräsentieren; sie soll sein: Träger historischer Erinnerungen, Bewahrer der Ehre, sicheren Selbstgefühls, der Würde und unabhängigen Gesinnung; sie muß daher unerläßlich auf großes Grundeigentum und Erblichkeit basiert sein. Auf *Erblichkeit*, weil sie sonst unvermeidlich mit dem beweglichen Elemente der zweiten Kammer in Eins zusammenfällt; denn soll sie, ihrer Bestimmung getreu, das *Stabile* vertreten – und tut sie das nicht, wozu wäre sie denn nütz? – so kann sie unmöglich von der wetterwendischen Gunst der Wahl abhängig gemacht werden, die ja eben immer und überall, mehr oder minder eine Buhlschaft mit den ewig wechselnden Liebhabereien und Launen der Menge, eine stete Aufmerksamkeit auf den täglichen Kurszettel der öffentlichen Meinung weckt und bedingt. Auf eigenem, breiten *Grund und Boden* aber muß jene Kammer feststehen, weil es töricht wäre, in den Mitgliedern einer, für Jahrhunderte gemeinten Institution lauter große, starke Charaktere vorauszusetzen, die, auch ohne den Hinterhalt und Glanz materiellen Reichtums, jederzeit Unabhängigkeit und das nötige Ansehen zu behaupten wüßten. Nun aber wirst du schwerlich leugnen, daß der Strom der Zeit auch das Grundeigentum, als bloße Ware, längst flüssig gemacht hat; und es ist, wenn wir etwa Österreich und die wenigen, ehemals reichsständischen, mediatisierten Fürstenfamilien ausnehmen, eine hinreichend zahlreiche Aristokratie in jenem Sinne, in Deutschland gar nicht mehr vorhanden und würde mithin am allerwenigsten des Gegengewichts einer zweiten Kammer bedürfen. – Diese *zweite Kammer* dagegen soll, nach euerem Gutdünken, Repräsentant der National-Intelligenz sein, also des rastlos Fortstrebenden, Entwickelnden, ewig Beweglichen, notwendig gestützt auf Selbständigkeit der Gemeinden und getragen von der Macht einer entschiedenen öffentlichen Meinung. Aber das Gemeinwesen ist in Deutschland, namentlich in den sogenannten konstitutionellen Staaten, keinesweges emanzipiert oder zu einem, sich selbst bewußten Leben gelangt, und, – die natürlichste Folge davon – die öffentliche Meinung meint eben noch gar nichts, als ein unverständliches Gemurmel der verschiedenartigsten Stimmen, durch das man von Zeit zu Zeit die Posaunenstöße liberaler Blätter hindurchschreien hört; sie ist vielmehr zur Zeit noch eine ziemlich komplette Musterkarte von allem, was jemals in ganz Europa, Amerika oder in dem verschlafenen Asien über Politik gedacht, gefaselt und geträumt worden.

Wozu nun also dieser lärmende Eilmarsch, den sogenannten jungen Tag anzubrechen, als gälte es, die Welt ganz von neuem zu erschaffen? Warum das tüchtige Fundament wahrhafter Freiheit, das unleugbar in Deutschland durch allmählige, zeitgemäße Regeneration der inneren Gesetzgebung gelegt worden, schon jetzt mit dem Notdach einer Konstitution überbauen? Wollt ihr denn den frischen Wuchs, der kaum erst Wurzel faßt, eilfertig am Spalier allgemeiner Formen wieder kreuzigen und verknöchern, und mit neumodiger Pedanterie an die Stelle lebendiger, progressiver Bewegung den stereotypen Begriff der Freiheit setzen? Mögen jene Architekten und Federkünstler immerhin auf dem Papier ihren Münster-Bau frischweg von der Spitze anfangen und sehen, wie sie nachher mit der Grundlage zurechtkommen, jeder Verständige aber weiß wohl, daß man keinen Turm und keine Konstitution a priori in die Luft hängen kann.

Am allerwenigsten aber, lieber Freund, dürfte es gelingen, jeden Staat ohne weiteres unter *Einem* konstitutionellen Allerwelts-Hut zu bringen, der für alle Köpfe, dicke und dünne, passen soll und daher keinem bequem sitzt, zumal in Deutschland, wo noch eine frische Eigentümlichkeit der verschiedenen Stämme sich lebendig erhalten hat. Nimmermehr werden z. B. Tyroler und Friesen, oder Ostpreußen und Rheinländer in Affekten, Gewohnheiten, Neigungen und Abneigungen miteinander sympathisieren. Es sind nicht bloß die Alpen dort und die Sandflächen hier, nicht hier der Schnaps und dort der Wein, nicht die Verschiedenheit des Dialekts, des Klimas, der Religion, oder der historischen Erinnerungen allein, sondern eben alles zusammen in seiner geheimnisvollen, Jahrhundertlangen Wechselwirkung. Welcher also ist nun hier der Normal-Deutsche, dem sich alle anderen akkomodieren müssen? – Ich meine: keiner, oder jeder in seiner Art; denn die deutsche Natur ist, Dank sei dem Schöpfer, nicht so arm, daß sie in der Eigentümlichkeit eines Stammes rein aufgehen sollte. Auch wäre das an sich eben so langweilig als überflüssig, denn Einerleiheit ist keine Einheit. Schon im Privatleben bemerken wir, daß Freundschaft und Liebe grade die verschiedenartigsten Naturen zusammenfügt, eben weil nur diese Verschiedenheit reizen und sich wechselseitig ergänzen kann, indem jeder Teil von seinem Reichtum mitteilen will, was dem anderen fehlt, und das empfangen, was der andere vollauf hat. Und so wird auch der großen Genossenschaft des Staats mit innerlich ausgewechselten Gesellen nichts gedient, sondern der der liebste sein, der ihr, weil mit ungebrochener Eigentümlichkeit, aus ganzer Seele dient, wie er eben kann und mag. Viele verschieden gestimmte Saiten geben erst Harmonie, und wahrlich im Jahre 1813 gab es einen schönen Klang durch das gesamte Deutschland! Vor allem aber behüte uns Gott vor einem deutschen Paris, das, wie jenes benachbarte, alle besonderen Meinungen, Gedanken und Interessen aus dem ganzen Reiche einsaugte, um sie auf dem allgemeinen politischen Webestuhl der Zeit zu verarbeiten, und dann das Zeuch nach dem Ellenmaß seiner Tageblätter, als offiziellen Mode-Artikel, wieder in die Provinzen zu versenden, die dann in Nord und Süd, bei Frost oder Hitze, sehen mögen, wie sie damit weiter fertig werden. – Es ist indes im Allgemeinen, nach einem guten deutschen Sprichwort, schon dafür gesorgt, daß die Bäume nicht in den Himmel wachsen. So mochte, unter anderen, in Spanien der Allerwelts-Baum der konstitutionellen Freiheit, den man dort in der Eile gleich mit der Krone einsenken wollte, in dem spröden Boden keinesweges Wurzel fassen, und mit jener allzeitfertigen Verfassungs-Fabrikation daher, welche die Konstitutionen dutzendweis aus der Tasche langt, verhält es sich fast wie mit dem Märchen vom Wünschhütlein. Der Besitzer desselben, so oft er es dreht, sieht alles um sich her verwandelt und befindet sich, nach Laune, jetzt in Frankreich, dann in England, in Belgien u. s. w.; so macht er in Gedanken die große Runde um die Welt, zu Hause aber ist unterdes alles ruhig beim Alten verblieben.

Vielleicht wird dir dies auf andere Weise noch klarer. Ich habe mich nämlich, so oft ich mich in die Landtagsverhandlungen der deutschen konstitutionellen Staaten vertiefte, niemals des profanen Gedankens erwehren können, daß die dort deklamierenden Volksredner eigentlich eine bedeutende Ähnlichkeit mit burschikosen Studenten haben. Laß' uns, mein Lieber, diesen Vergleich einmal etwas weiter verfolgen. Der Bursche, der recht den Hieber auf der Zunge führt, wird von den müßigen Tonangebern der Akademie zum Senior erwählt. Der Doktor, Advokat oder Professor, der immer den Mund voll Freiheit nimmt und nicht die Feder ausspritzen kann ohne der Regierung einen Klecks anzuhängen, wird von den liberalen Redakteurs der Tageblätter auf ihren löschpapierenen Schilden auf die Redner-Tribüne gehoben.

Der Senior treibt das Präsidieren, das Hutdurchstechen und Smollis-Trinken mit Hintz und Kuntz, wie einen Gottesdienst, mit feierlichem Ernst, und wird fortgejagt, wenn er sich die Freiheit nimmt, einmal auf seine eigne Art frei und fröhlich zu sein. Die Volksredner, wie Komödienzettel-Pfähle mit langen Petitionen behangen und beklebt, verneigen sich – ohne auch nur zu lächeln – voll wechselseitiger Verehrung voreinander, beräuchern einander feierlich von allen Seiten, trinken Millionen Smollis zu, und ergehen sich redeselig durch alle Vokabeln des liberalen Katechismus; werden aber fortgejagt, wenn die Unglücklichen einmal das Stichwort, das grade an diesem Tage als Parole und Feldgeschrei gilt, verpaßt haben.

Beide endlich müssen pro patria raufen. Da fehlt es nicht an kunstreichen Finten, dort wird ein Ohr, hier ein Stück

Ehre abgeschnitten, die Galerie, je mehr die Fetzen fliegen, jauchzt Bravo und Hetzoh dazwischen, und alles endigt überall mit einem Komitat, einem Schmause und einigen Toasts. Draußen aber vor den hellerleuchteten Fenstern der schmausenden Patrioten steht hungernd das Volk und verwundert sich, und weiß nicht was los ist und wie ihm geschehen, als daß es zuletzt die Diäten zu bezahlen hat.

Ja, teuerster Freund, in Frankreich z. B. wissen sie in den Kammern doch wenigstens jedesmal genau, was sie wollen. Der eine will einen General ärgern, gleichviel ob er Recht oder Unrecht hat, der andere einem Minister ein Bein unterschlagen, oder selbst Minister werden. Aber bei uns! – Ich bitte dich, gib dir einmal die unsägliche Mühe, diese langen Reden und Gegenreden durchzulesen. Muß man nicht auf den Gedanken kommen, es solle hier ein neues Kompendium des allgemeinen Naturrechts debattiert werden, das eben so gut für die Irokesen oder Portugiesen, als für Deutsche gelten könnte? Wenn z. B. der Bauer die Beschränkung des Wildstandes wünscht, so ist doch hierbei offenbar nichts abstrakt, als der Professor auf der Tribüne, der sich erst gründlich abquält, ad vocem: Bauer eine Definition des Menschen und seiner Urrechte aufzustellen; ehe er aber damit zu Stande kommt, hat das unvernünftige Wild, das nichts nach Urrechten fragt, unterdes dem Bauer die Saat gefressen.

Diese Volksvertreter, scheint mir, verhalten sich zu dem Volke ungefähr wie Don Quixote zu seinem Sancho Pansa. Jede Windmühle sehen sie in ihrem politischen Aberglauben für den erschrecklichen Riesen Absolutismus an, der mit seinen langen Jesuiten-Armen in die dicke Finsternis hinausgreift, um Seelen zu fassen und zu knechten. Vergebens schwört der ganz erstaunte Sancho Pansa hoch und teuer, er erkenne ja deutlich die Mühlenflügel und des Müllers Schlafmütze am Fenster. – Freiheit, Freiheit!, ruft der auf Menschheitswohl erpichte Ritter voll Indignation entgegen, du sollst eine Wahrheit werden!, und legt die Lanze tapfer ein. – Freilich, wo von der zu erobernden Insel die Rede ist, auf der der gute Knappe selbst dereinst absoluter Statthalter werden soll; da läßt dieser schon einmal Fünfe grade sein und tut sich, ohne weiter viel zu grübeln, ordentlich Gewalt an, das Unglaubliche zu glauben. Nur das will er doch nimmer und nimmermehr sich einreden lassen, daß das kosmopolitische Barbier-Becken auf dem Haupte seines Ritters wirklich Mambrin's Helm sei.

Die Dulzinea aber dieser Ritter ist die öffentliche Meinung, die Dame, welche auf jenen Begriffs-Turnieren die Preise: Ehrenpokale und Volksfreundliche Titel und Würden, austeilen soll. Aber wer ist eigentlich diese Vortreffliche? woran erkennt man sie? wo wohnt sie?

Ich habe auf dem Lande, wo bekanntlich das meiste Volk wohnt, sorgfältig Umfrage gehalten. Da wußte mir aber Niemand Bescheid zu geben. Das müsse eine gelehrte, vornehme Dame sein, die sich mit dem armen Volke nicht gemein mache, meinten die Leute und wiesen mich nach der Stadt. Hier aber ging es mir auch verwunderlich genug. Einige ehrsame Bürger, die ich nach der Person fragte, taten als hätten sie mich nicht gehört, und schlichen vorüber; andere gaben schüchtern nur halbe Antwort und verstohlene Winke, gleichsam wie vorsichtige Patrioten einer kleinen Stadt, wo so eben feindliche Einquartierung angelangt, mit der man nicht gern in Händel geraten möchte. Ein halbtrunkener, verwegener Kerl endlich wies mich ohne weiteres in große, wüste Kellerräume. »Hier wird sie gemacht«, sagte er; und ich erblickte mit Erstaunen große Tafeln, über Weinfässer gelegt, und an den Tafeln lange Reihen von Schreibern, die bald emsig schrieben, bald ein Glas schnell ausstürzten und dann starr vor sich an die Decke sahen, bald wieder rauschend die Federn schwenkten; lauter Redakteurs von Tageblättern, wie ich nachher erfuhr. Mein Herr, redete ich den ersten Schreiber ganz verwirrt an, ich bin wahrscheinlich irre gegangen, ich wollte gehorsamst die Ehre haben, die öffentliche Meinung. – Nun! was wollen Sie von mir? – Wie? Sie selbst wären?! – Unbedenklich! – Aber, wandte ich unmaßgeblich ein, ich glaubte bishero immer – vox populi – wie kommen Sie – wissen Sie? – Da schleuderte der Schreiber einen wütenden, verachtenden Blick auf mich. Nur nicht lange räsoniert!, rief er mit Giftblauem Gesicht aus, unterdes kann die ganze Staaten-Maschine um Jahrzehende zurückrücken; wir haben hier anderes zu tun, wir, die wir die Zeiten lenken! – Und nun erhob sich aus dem schauerlichen Hintergrunde wachsend ein Tosen, Hämmern und Klappen, die Blätter und Federn rauschten wieder, Preßbengel flogen, Finsterling! scholl es bedrohlich dazwischen – und ich kam heraus, ich weiß selbst nicht wie. Aber der Herr Redakteur, glaube ich, wird mir meinen Vorwitz im nächsten Blatte gedenken!

Und nun – höre ich dich fragen, alter Freund – was ist der langen Rede kurzer Sinn? – Darauf antworte ich ehrlich und ohne weitere Gleichnisse:

Erstens: Ihr sollt keine fremden Götter haben neben dem einzigen wahren! oder kürzer: Fürchte Gott und scheue keinen Redakteur!

Zweitens: das Volk lebt weder von Brot noch von Begriffen allein, es will durchaus etwas Positives zu lieben, zu sorgen und sich daran zu erfrischen, es will vor allem eine Heimat haben in vollem Sinn, d.i. seine eigentümliche Sphäre von einfachen Grundgedanken, Neigungen und Abneigungen, die alle seine Verhältnisse lebendig durchdringen und in keinem Kompendium registriert stehen. Oder glaubt Ihr denn in vollem Ernste, ein wahrhaftes Staatsleben, wie alles Innerliche, könne so obenher durch Machtsprüche der Aufklärung anbefohlen, der Volksgeist durch philosophische Zauberformeln besprochen werden? Ja, wo dies gelänge – eine solche Aristokratie der Gelehrten oder Gebildeten wäre vielleicht die verderblichste, wenn sie, in ihrer verwegen experimentierenden Allgemeinheit, von der eigentlichen Natur und Geschichte der Nation keine Notiz nehmend, ein einiges Volk nach und nach in zwei verschiedene Völker entfremdete, gleichwie in China die Vornehmen eine andere Religion für sich haben, als das gemeine Volk. Wie im Drama vielmehr – das ja sein Gesetz auch nur in der allgemeinen menschlichen Natur hat – nicht die Charaktere von der Begebenheit, sondern die Begebenheiten von den Charakteren gemacht werden, so wird auch in der größeren Staats-Aktion nur die fortschreitende Entwickelung der nationalen Eigentümlichkeit und nicht von oben herab die Regel von den drei Einheiten, Regel, Handlung und Leben gestalten.

Dabei fällt mir auch noch ein anderer Umstand schwer auf's Herz, den ich dir, da ich einmal so schön im Zuge bin, keinesweges verhehlen will. Man hat nämlich früher immer gelehrt – und es ist eine alte Lehre schon von Christus her – daß Liebe die eigentliche Seele jedes gesunden, tüchtigen Haushaltes ausmache, ohne die nur eitel Gezänk, Ungehorsam und Eigenwille, kurz: das Ganze eine schlechte Wirtschaft sei. Nun ist aber, wenn wir auch den Maßstab noch so sehr erweitern, nicht wohl einzusehen, warum es in dem großen Staats-Haushalte viel anders sein sollte? Und doch ist es eben das Wesen eurer sogenannten Konstitutionen, das Mißtrauen als die alleinige Seele zu setzen, das auch mit seiner verwickelten Maschinerie wechselseitiger Garantien die Liebe ganz entbehrlich machen soll. Aus dem großartigen Drama des Entwicklungsganges der Staaten macht Ihr offenbar ein gewöhnliches bürgerliches Schauspiel mit den altmodischen, stehenden Masken von schwachen Fürsten, abgefeimten Günstlingen und falschen Ministern, auf deren alberne und willkürliche Fiktion die ganze Intrige zugespitzt ist. Als wäre inzwischen nicht das gesamte Leben überhaupt allmählig auf einen anderen, idealeren Punkt gerückt, dem unwillkürlich Regenten und Regierte gleichmäßig angehören, so daß hier wahrhaft bedeutende Rückschritte zu früheren abnormen Zuständen, z.B. zur Leibeigenschaft, oder wie sonst eure politischen Gespenster heißen mögen, in sich unmöglich wären, gleichwie niemand die wirkliche Zeit zu stellen vermag, wenn er auch den Zeiger seiner Taschenuhr zurückstellt; denn rückte er ihn auch bis auf Mitternacht: die Sonne draußen schiene – auch ohne euere zärtliche Vorsorge – doch fort, weil sie muß. – Verzeiht daher schon, wenn ich mir die Freiheit nehme, euch ein wenig philisterhaft zu finden. Denn was ist denn am Ende ein Philister anderes, als ein Mensch, der das Gemeine wichtig und das Große gemein nimmt?

Durch jenes Prinzip des Mißtrauens aber kommt in die Konstitution notwendig ein geheimer Kriegszustand, ein System wechselseitiger Eifersucht, List, Spionerei und Verketzerung, wo ein jeder gegen jeden sich eilfertig verbarrikadiert, um nur auf seine eigene Hand geschwind über alle Maßen frei zu sein. Laß es dich nicht verdrießen, mein Lieber, dieses künstliche Minieren und Scharmützieren in den Landtagsverhandlungen einmal näher zu betrachten: wie sie da vorsichtig kapitulieren, dorthin zielen, um dahin zu treffen (z. B. nach der unbedingten Preßfreiheit, um für sich allein das unbedingte Monopol ihrer Zeitungsweisheit zu erlangen), wie sie Jedem, der seine eigene Meinung zu haben sich untersteht, schnell das Medusenhaupt der öffentlichen Meinung vorhalten, und endlich, wenn ihnen die Gedanken ausgehen, plötzlich eine Bombe von Kosmopolitismus, Bürgertum und Freiheit mit ungeheurem Knalleffekt zerplatzen lassen, gleichwie in alter Zeit bei den öffentlichen Disputationen, wenn die Doktoren zu heftig aneinandergerieten, auf einmal Trompeten und Pauken schmetternd einfielen, daß man kein vernünftiges Wort mehr verstehen konnte. – Und wenn es nun in diesem kleinen Kriege einem kühnen Partisan auch wirklich gelänge, für sein besonderes Freikorps eine ganz absonderliche Freiheit zu erobern – würdest du das wohl eine gesunde Konstitution nennen, wo z. B., auf Kosten der rechten Hand, plötzlich die Linke in monströser Ausbildung anschwölle?

Setzen wir indes auch einmal den Fall, den ich keineswegs zugebe, daß eine Konstitution wirklich fertig und gut sei, so entsteht die andere ungleich wichtigere Frage: wenn die Verfassung die wechselseitigen Interessen des Staates garantieren soll, wo ist denn nun die Garantie für die Verfassung selbst, ohne welche diese wiederum Null ist? Das Papier tut es nicht. Was wäre das für ein Vertrag, dessen ganze Kraft und Heiligkeit auf einem Stück Eselshaut und einem Klecks von Siegellack beruhte! Beides *bedeutet* doch überall nur den guten Willen, den Vertrag zu halten, mit einem Wort: die Treue, die sich eben nicht versiegeln läßt. In gewöhnlichen Privatverhältnissen freilich wird auch das bloße Pergament schon durch den Richter bindend, *hier* aber steht Gott allein über den Kontrahenten, dessen Justiz bekanntlich nicht immer von dieser Welt ist. So gut daher ein absoluter Monarch allerdings die selbstgegebenen Gesetze wieder zurücknehmen könnte, eben so leicht könnte auch ein konstitutioneller König, wenn er z. B. die Armee für sich zu gewinnen weiß, die ganze papierene Garantie der Verfassung mit dem Bajonette wieder durchlöchern.

Du wirst mir hier ohne Zweifel sehr allgemein einwenden: man dürfe ja nur Macht und Gegenmacht kunstreich verschränken, ein so genaues Gleichgewicht der pulsierenden Kräfte im Staate herstellen, daß kein einzelnes Element sich einseitig lossagen könne u. s. w. Darauf erwidere ich aber eben so allgemein: Geister kann man nicht wägen und messen, der Geistreichste, wohin er sich auch schlage, wird doch überall den Ausschlag geben und dieses Gleichgewicht der platten Mittelmäßigkeit immer wieder zerstören; ja jenes equilibriste Kunststück ängstlichen Abwägens und Klausulierens, wie es an sich möglich wäre, müßte notwendig zuletzt zu neutraler gleichgültiger Schwebe, zu völligem Stillstande, also zum politischen Tode führen.

Ihr werdet euch daher doch wohl am Ende schon herablassen müssen, ein wenig tiefer zu gehen und, neben eueren Paragraphen, noch andere Garantien anzuerkennen. Nun wüßte ich aber – ernsthaft und aus voller Seele gesprochen – von allen nur *eine* wahrhafte und durchgreifende. Diese ist, so will mich bedünken, das historische Ineinanderleben von König und Volk zu einem untrennbaren nationalen Ganzen, das seit Jahrhunderten in gemeinschaftlicher Lust und Not bewährte Band wechselseitiger Liebe und Treue, mit einem Wort: nicht der tote Begriff des abstrakten Königs mit zu regierenden arithmetischen Zahlen, sondern der lebendige individuelle

König, der nicht dieser oder jener sein kann, sondern eben *unser* König ist in allem Sinne. Gleichwie es sich aber in einer unentarteten Familie ganz von selbst versteht, daß der Vater den Sohn liebreich zum Besten leite und der Sohn den Vater ehre, so bedarf auch jenes gesunde Staats-Verhältnis zu seiner Bürgschaft nicht des Vertrages, dieser Arznei erkrankter Treue.

Am lächerlichsten ist mir daher immer die Wut vorgekommen, Verfassungen zu *machen*. Wahrlich lieber Freund, es gibt einen Despotismus der Liberalität, der so unleidlich ist, wie jede andere Tyrannei, indem er das frische Leben fanatisch mit eitel Garantien, Vor- und Rücksichten umbaut, daß man vor lauter Anstalten zur Freiheit nicht zu dieser selbst gelangen kann. Denn Willkür bleibt Willkür, sie komme woher sie wolle; es ist aber gleich willkürlich, ob man den Leuten sagt: ihr sollt nicht frei sein, oder: ihr sollt und müßt grade auf diese und keine andere Weise frei sein! Mit dem Einrammen eines dürren Freiheitsbaumes ist gar nichts abgemacht. Mit und in der Geschichte der Nation muß die Verfassung, wenn sie nicht eine bloße Komödie bleiben soll, organisch empor*wachsen*, wie ein lebendiger Baum, der, das innerste Mark in immergrünen Kronen dem Himmel zuwendend, sich selber stützt und hält und den Boden beschirmt, in dem er wurzelt.

Das aber dauert euch sicherlich zu lange, sowie wahrscheinlich auch dir schon mein Brief. Ich schließe daher mit der Bitte, mein Lieber, daß du auf deinen, noch ziemlich gesunden Beinen feststehen mögest. Denn gib Acht, die Zeit überschlägt sich gleichsam noch in der Luft vor übergroßer Hast, und dürfte unversehens eine gute Strecke über ihr eigenes Ziel hinausgelangen.

Stationen seines Lebens*

1788 Am 10. März wird Joseph Karl Benedikt Freiherr von Eichendorff auf Schloß Lubowitz (Oberschlesien) geboren.

1801 Seit dem 16. Oktober besucht Eichendorff gemeinsam mit dem Bruder Wilhelm (geb. 1786) das Katholische Gymnasium in Breslau.

1805 Im Mai Beginn des Studiums der Rechte in Halle.

1807 Im Mai setzen die Brüder ihre Studien in Heidelberg fort.

1808 Im Mai endet die Heidelberger Studienzeit.

1809 Eichendorff verlobt sich in der ersten Jahreshälfte mit Luise von Larisch (geb. 1792).

1810 Wegen der schwierigen wirtschaftlichen Lage der Eichendorffschen Güter wird beschlossen, daß die Brüder ihr juristisches Studium in Wien beenden sollen, um in den österreichischen Staatsdienst zu gehen.

1812 Im Februar besteht Eichendorff seine letzten juristischen Examina mit Auszeichnung.

1815 Am 7. April findet die Hochzeit in Breslau statt.

1816 Im Herbst legt Eichendorff sein Examen zum Eintritt in den preußischen Staatsdienst ab; im Dezember wird er zum Referendar ernannt und leistet in Breslau seinen Diensteid.

1818/1819 Eichendorff besteht sein zweites Staatsexamen und wird am 24. November 1819 »Assessor bei der Königlichen Regierung zu Breslau«.

* Auszug aus FA 1, S. 801 ff.

1820-1822 Vorübergehend ist Eichendorff in Berlin als Hilfsarbeiter beim preußischen Unterrichtsministerium angestellt, um dann im Januar 1821 die Stelle eines »katholisch geistlichen Rats« in Danzig anzutreten. Am 26. September wird er zum Regierungsrat für die Bearbeitung der katholisch-geistlichen und Schulangelegenheiten ernannt.

1831 Ab August wird er kommissarisch in Berlin beschäftigt.

1835/1836 Die Bemühungen um eine endgültige Anstellung in Berlin führen erst im Februar 1836 zu dem Angebot, im preußischen Oberzensurkollegium zu wirken.

1841 Eichendorff wird im Januar vom König zum Geheimen Regierungsrat ernannt.

1843/1844 Eichendorff erhält im Januar 1843 den Auftrag, eine Geschichte der Wiederherstellung der Marienburg zu schreiben. Im Juli 1844 erfolgt dann die Versetzung in den Ruhestand.

1857 Am 26. November stirbt er in Neisse.

Literatur

Die Werke Eichendorffs sind nach der im Deutschen Klassiker Verlag erschienenen Frankfurter Ausgabe (Sigle FA) zitiert: Joseph von Eichendorff, *Werke in sechs Bänden*, herausgegeben von Wolfgang Frühwald, Brigitte Schillbach und Hartwig Schulz, Frankfurt am Main 1987-1993.

Adorno, Theodor W., *Zum Gedächtnis Eichendorffs*, in: ders., *Gesammelte Schriften*, hg. von Rolf Tiedemann, Bd. 11, Frankfurt am Main 1995, S. 69 ff.

Adorno, Theodor W., *Zur Metakritik der Erkenntnistheorie*, Stuttgart 1956.

Arnswaldt, Wolf-Christian von, *Savigny als Strafrechtspraktiker*, Baden-Baden 2003.

Bierling, Ernst Rudolf, *Juristische Prinzipienlehre*, Halle 1975 (Neudruck der Tübinger Ausgabe 1917), Bd. 5.

Bihler, Michael, *Rechtsgefühl, System und Wertung*, München 1979.

Binder, Guyora / Weisberg, Robert, *Literary Criticism of Law*, Princeton, New Jersey, 2000.

Böhmer, Gustav, *Grundlagen der bürgerlichen Rechtsordnung*, 2. Bd., 1. Abt., Tübingen 1951.

Bussmann, Walter, *Preußen und Deutschland. Friedrich Wilhelm IV. Eine Biographie*, Berlin 1990.

Coing, Helmut, *Die ursprüngliche Einheit der europäischen Rechtswissenschaft*, Frankfurt am Main 1968.

Dilcher, Gerhard, *Von der geschichtlichen Rechtswissenschaft zur Geschichte des Rechts. Leitende Fragestellungen, Paradigmenwechsel zwischen 19. und 20. Jahrhundert*, in: Caroni, Pio / Dilcher, Gerhard (Hg.), *Norm und Tradition. Welche Geschichtlichkeit für die Rechtsgeschichte?*, Köln u. a. 1998, S. 109 ff.

Dilcher, Gerhard, *Von der Rechtsgeschichte zur Rechtssoziologie. Max Webers Auseinandersetzung mit der Historischen Rechtsschule*, in: *Juristenzeitung* 2007, S. 105 ff.

Ehrlich, Eugen, *Grundlegung der Soziologie des Rechts*, Berlin 1913.

Fetz, Reto Luzius u. a. (Hg.), *Geschichte und Vorgeschichte der modernen Subjektivität*, 2 Bde., Berlin, New York 1998.

Frank, Manfred, *Das individuelle Allgemeine. Textstrukturierung und -interpretation nach Schleiermacher*, Frankfurt am Main 1985.

Frank, Manfred, *Die Unhintergehbarkeit von Individualität. Reflexionen über Subjekt, Person und Individuum aus Anlaß ihrer »postmodernen« Toterklärung*, Frankfurt am Main 1986.

Frank, Manfred, *Selbstbewußtsein und Selbstkenntnis. Essays zur analytischen Philosophie der Subjektivität*, Stuttgart 1991.

Frank, Manfred, *Selbstgefühl. Eine historisch-systematische Erkundung*, Frankfurt am Main 2002.

Frühwald, Wolfgang, *Der Regierungsrat Joseph von Eichendorff. Zum Verhältnis von Beruf und Schriftstellerexistenz im Preußen der Restaurationszeit. Mit Thesen zur sozialhistorischen und wissenssoziologischen Perspektive einer Untersuchung von Leben und Werk Joseph von Eichendorffs*, in: *Internationales Archiv für Sozialgeschichte der deutschen Literatur*, 1979, S. 238 ff.

Görres, Joseph, *Europa und die Revolution*, Stuttgart 1821.

Grimm, Jacob, *Von der Poesie im Recht*, in: *Zeitschrift für geschichtliche Rechtswissenschaft*, 2. Bd., 1816, S. 25 ff.

Habermas, Jürgen, *Können komplexe Gesellschaften eine vernünftige Identität ausbilden?*, in: Habermas, Jürgen / Henrich, Dieter, *Zwei Leben*, Frankfurt am Main 1974.

Haverkamp, Hans-Peter, *Georg Friedrich Puchta und die Begriffsjurisprudenz*, Frankfurt am Main 2004.

Heimböckel, Dieter, *Eichendorff mit Kleist. Das »Schloß Dürande« als Dichtung umgestürzter Ordnung*, in: *Aurora* 65 (2005), S. 65 ff.

Heine, Heinrich, *Die Bäder von Lucca*, in: ders., *Sämtliche Schriften in sechs Bänden*, hg. von Klaus Briegleb, Bd. 2, München, Wien 1976, S. 391 ff.

Heine, Heinrich, *Zur Geschichte der Religion und Philosophie in Deutschland*, in: ders., *Sämtliche Schriften in sechs Bänden*, hg. von Klaus Briegleb, Bd. 3, München, Wien 1976, S. 505 ff.

Henrich, Dieter, *Der Grund im Bewußtsein. Untersuchungen zu Hölderlins Denken (1794-1795)*, Stuttgart 1992.

Henrich, Dieter, *Grundlegung aus dem Ich. Untersuchungen zur Vorgeschichte des Idealismus Tübingen-Jena 1790-1794*, 2 Bde., Frankfurt am Main 2004.

Herberger, Maximilian, *Dogmatik. Zur Geschichte von Begriff und Methode in Medizin und Jurisprudenz*, Frankfurt am Main 1981.

Hollender, Martin, *Die politische und ideologische Vereinnahmung Joseph von Eichendorffs. Einhundert Jahre Rezeptionsgeschichte in der Publizistik (1888-1988)*, Frankfurt am Main u.a. 1997.

Jerouschek, Günter, *Skandal um Goethe? Zu Goethes Beteiligung am Todesurteil gegen die Kindsmörderin Johanna Catharina Höhn*, in: *Neue juristische Wochenschrift* 60 (2007), S. 635 ff.

Jhering, Rudolf, *Scherz und Ernst in der Jurisprudenz* (1984), 13. Aufl., Leipzig 1924.

Kantorowicz, Hermann, *Was ist uns Savigny?*, in: *Recht und Wirtschaft* 1 (1912, Bd. 2 und 3), S. 47 ff., 76 ff.

Kaufmann, Arthur, *Die Geschichtlichkeit des Rechts im Lichte der Hermeneutik*, in: ders., *Beiträge zur Hermeneutik*, Köln u. a. 1984, S. 25 ff.
Kaufmann, Arthur, *Naturrecht und Geschichtlichkeit*, Tübingen 1957.
Kaufmann, Arthur, Winfried Hassemer und Ulfrid Neumann (Hg.), *Einführung in die Rechtsphilosophie und Rechtstheorie der Gegenwart*, 7. Aufl., Heidelberg 2004.
Klausnitzer, Ralf, *Taugenichts im real existierenden Sozialismus. Aspekte der Eichendorff-Rezeption in der DDR*, in: *Aurora* 62 (2002), S. 117 ff.
Klausnitzer, Ralf, *Blaue Blume unterm Hakenkreuz*, Paderborn u. a. 1999.
Klein, Franz, *Die psychischen Quellen des Rechtsgehorsams und der Rechtsgeltung*, Berlin 1912.
Kleist, Heinrich von, *Michael Kohlhaas*, mit Kommentaren von Wolfgang Naucke und Joachim Linder, in: *Juristische Zeitgeschichte*, hg. von Thomas Vormbaum, Abt. 6: *Recht in der Kunst*, Bd. 6, Baden-Baden 2000.
Koopmann, Helmut, *Eichendorff und die Aufklärung*, in: *Aurora* 48 (1988), S. 27 ff.
Koschaker, Paul, *Europa und das Römische Recht*, 2. Aufl., München, Berlin 1951.
Koselleck, Reinhart, *Fortschritt*, in: Brunner, Otto / Conze, Werner / Koselleck, Reinhart (Hg.), *Geschichtliche Grundbegriffe. Historisches Lexikon zur politisch-sozialen Sprache in Deutschland*, Bd. 2, Stuttgart 1975, S. 351 ff.
Koselleck, Reinhart *Vergangene Zukunft*, 4. Aufl., Frankfurt am Main 1985.
Lampe, Ernst-Joachim (Hg.), *Das sogenannte Rechtsgefühl*, in: *Jahrbuch für Rechtssoziologie und Rechtstheorie*, Bd. 10, 1985.
Löwith, Karl, *Das Individuum in der Rolle des Mitmenschen* [1928], Darmstadt 1962.
Lüderssen, Klaus (Hg.), *Die Durchsetzung des öffentlichen Strafanspruchs*, Köln u. a. 2002.
Lüderssen, Klaus, *Die düstere Poesie des Paradoxen im Recht. Kafkas Roman »Der Prozeß« und verwandte Texte*, in: *Jahrbuch der Juristischen Zeitgeschichte* 7 (2005/2006), Berlin 2006, S. 379 ff.
Lüderssen, Klaus, *Empirisierende Subjektphilosophie und die Rechte des Individuums in der Epoche der dritten Aufklärung*, in: Simon, Dieter / Weiss, Manfred (Hg.), *Zur Autonomie des Individuums*, Baden-Baden 2000, S. 227 ff.
Lüderssen, Klaus, *Genesis und Geltung*, Frankfurt am Main 1996.
Lüderrssen, Klaus, *Ich will lieber eine Ungerechtigkeit begehen als Unordnung ertragen*, in: ders. (Hg.), *Die wahre Liberalität ist Anerkennung. Goethe und die Jurisprudenz*, Baden-Baden 1999, S. 177 ff.
Lüderssen, Klaus, *Produktive Spiegelungen*, 2. Aufl., Baden-Baden 2002.
Lüderssen, Klaus, *Einleitung*, zu: *Theorie der Erfahrung in der Rechtswis-*

senschaft des 19. Jahrhunderts. Zwei methodische Schriften, Frankfurt am Main 1968.

Lützeler, Paul Michael, *Von europäischer Republik: Joseph Görres, Europa und die Revolution*, in: *Aurora* 53 (1993), S. 92 ff.

Manigk, Alfred, *Savigny und der Modernismus im Recht*, Berlin 1914.

Mannheim, Karl, *Historismus*; in: *Archiv für Sozialwissenschaften und Sozialpolitik* 4 (1924), S. 1 ff.

Marx, Leonie A., *Wagnis des Wachsens. Zur Ich-Erfahrung im frühen neunzehnten Jahrhundert*, in: *Aurora* 41 (1981), S. 161 ff.

Mazzacane, Aldo (Hg.), *Friedrich Carl von Savigny. Vorlesungen über juristische Methodologie 1802-1842*, Frankfurt am Main 2004.

Meder, Stefan, *Mißverstehen und Verstehen. Savignys Grundlegung der juristischen Hermeneutik*, Tübingen 2004.

Meinecke, Friedrich, *Die Entstehung des Historismus*, München 1965.

Müller, Adam, *Die Elemente der Staatskunst*, Bd. 1, Jena (Wien) 1922.

Müller-Dietz, Heinz, *Goethe und die Todesstrafe*, in: Lüderssen, Klaus (Hg.), *Die wahre Liberalität ist Anerkennung. Goethe und die Jurisprudenz*, Baden-Baden 1999, S. 15 ff.

Naucke, Wolfgang, *Die Michael-Kohlhaas-Situation*, siehe: Kleist, S. 111 ff.

Nörr, Dieter, *Savignys philosophische Lehrjahre*, Frankfurt am Main 1994.

Osinski, Jutta, *Eichendorffs Kulturkritik*, in: *Aurora* 61 (2001), S. 83 ff.

Pörnbacher, Hans, *Joseph Freiherr von Eichendorff als Beamter*, dargestellt auf Grund bisher unbekannter Akten, Dortmund 1964.

Popper, Karl, *Vom Elend des Historizismus*, Tübingen 1965.

Reinhard, Ewald, *Joseph von Eichendorff und Karl Ernst Jarcke*, in: *Aurora* 4 (1934), S. 88 ff.

Riemen, Alfred, *Freiheit und gewachsene Ordnung statt Liberté und Egalité. Deutschland und romantische Staatstheorie in Eichendorffs Denken*, in: *Aurora* 54 (1994), S. 18 ff.

Riezler, Erwin, *Das Rechtsgefühl*, 3. Aufl., München 1969.

Rückert, Joachim, *Idealismus, Jurisprudenz und Politik bei Friedrich Carl von Savigny*, Ebelsbach 1984.

Rümelin, Gustav, *Über das Rechtsgefühl*, 2. Aufl., Frankfurt am Main 1948.

Savigny, Friedrich Carl von, *Vom Beruf unserer Zeit für Gesetzgebung und Rechtswissenschaft*, Heidelberg 1814.

Savigny, Friedrich Carl von, *Rezension zu Gönner: Gesetzgebung*, in: *Zeitschrift für geschichtliche Rechtswissenschaft*, Bd. 1 (1815), S. 373 ff.

Schiller, Friedrich, *Über die ästhetische Erziehung des Menschen in einer Reihe von Briefen*, in ders.: *Werke und Briefe in zwölf Bänden*, Bd. 8: *Theoretische Schriften*, hg. von Rolf-Peter Janz, Frankfurt am Main 1992, S. 556 ff.

Schröder, Jan, *Recht als Wissenschaft. Geschichte der juristischen Methode vom Humanismus bis zur Historischen Schule (1500-1850)*, München 2001.

Schnädelbach, Herbert, *Geschichtsphilosophie nach Hegel. Die Probleme des Historismus*, Freiburg, München 1974.

Siegert, Reinhard, *Politische Schriften Eichendorffs. Zur Rechts- und Staatsphilosophie der späten Romantik*, Paderborn 2007.

Stern, Jacques, *Thibaut und Savigny. Ein programmatischer Rechtsstreit auf Grund ihrer Schriften. Über die Notwendigkeit eines allgemeinen bürgerlichen Rechts für Deutschland und Vom Beruf unserer Zeit für Gesetzgebung und Rechtswissenschaft. Mit etlichen Nachträgen der Verfasser und den Urteilen der Zeitgenossen*, Reinbek 1959.

Stoll, Adolf, *Friedrich Carl von Savigny. Ein Bild seines Lebens mit einer Sammlung seiner Briefe*, 1. Bd., Berlin 1927.

Stolleis, Michael, *Die Historische Rechtsschule und das öffentliche Recht*, in: ders. (Hg.), *Die Bedeutung der Wörter. Festschrift für Sten Gagnér zum 70. Geburtstag*, München 1991, S. 495 ff.

Stolleis, Michael, (Hg.), *Juristen, ein biographisches Lexikon*, München 1995.

Storm, Theodor, *Briefe*, hg. von Peter Goldammer, 2. Aufl., Berlin, Weimar 1984.

Vogl, Stefan, *Sozialgesetzgebungspolitik. Freie Rechtsfindung und soziologische Rechtswissenschaft bei Eugen Ehrlich*, Baden-Baden 2003.

Wieacker, Franz, *Aufstieg, Blüte und Krisis der Kodifikationsidee*, in: *Festschrift für Gustav Boehmer*, Bonn 1954, S. 44 ff.

Wieacker, Franz, *Geschichte des Privatrechts in der Neuzeit*, 2. Aufl., Göttingen 1967.

Wittkau, Anette, *Historismus*, 2. Aufl., Göttingen 1994.

Wohlhaupter, Eugen, *Dichterjuristen*, 3 Bde., Tübingen 1953, 1955, 1957.

Zapka, Klaus, *Rationalität des Rechtsgefühls*, in: *Recht und Politik* 23 (1987), S. 19 ff.

Zimmermann, Reinhard, *Roman Law, Contemporary Law, European Law*, Oxford 2000.

Zimmermann, Reinhard, *Römisches Recht und europäische Kultur*, in: *Juristenzeitung*, 2007, S. 1 ff.